THE NEW LIVING KITCHEN

LA NOUVELLE CUISINE À VIVRE   DE NIEUWE LEEFKEUKEN

THE NEW LIVING KITCHEN

LA NOUVELLE CUISINE À VIVRE   DE NIEUWE LEEFKEUKEN

BETA-PLUS

FOREWORD

INTRODUCTION   INLEIDING

In our quickly changing living environment, the kitchen is one of the most important locations in the interior. It is here that the family members meet every day, where they cook and eat, where they also work and play.

Interior architects and kitchen designers pay a lot of attention to the arrangement and organisation of open-plan kitchens in their new projects. This book offers readers dozens of useful addresses and visual tips for the design and realisation of their dream kitchen.

Dans notre environnement de vie où tout évolue si rapidement, la cuisine constitue l'un des points d'ancrage essentiels de notre intérieur. C'est en effet là que se rencontrent chaque jour les membres de la famille, c'est là que l'on cuisine et que l'on mange, mais aussi que l'on travaille, que l'on joue,…

Dans leurs nouveaux projets, les architectes d'intérieur et les créateurs de cuisine apportent un soin tout particulier à la répartition et à l'organisation de cette nouvelle pièce à vivre.

Dans ce livre, les lecteurs découvriront des dizaines d'adresses utiles et de conseils visuels pour aménager et réaliser la cuisine de leurs rêves.

In onze snel veranderende woonomgeving vormt de keuken één van de belangrijkste ankerplaatsen in het interieur. Het is hier dat de gezinsleden elkaar dagelijks ontmoeten en waar gekookt en gegeten, maar ook gewerkt, gespeeld,... wordt.

Interieurarchitecten en keukenontwerpers besteden in hun nieuwe projecten heel wat aandacht aan de indeling en de organisatie van deze nieuwe leefkeuken.

In dit boek vinden de lezers tientallen nuttige adressen én visuele tips voor de inrichting en de realisatie van hun droomkeuken.

CONTENTS

SOMMAIRE INHOUD

Mape
Baardegemstraat 13
B-9420 Erpe-Mere
T +32 (0)53 60 30 60
F +32 (0)53 63 09 23
info@mape.be

www.mape.be

SOUND CRAFTSMANSHIP

Mape, a family business, was established in 1967. After almost half a century this kitchen and bathroom specialist has grown into one of the most renowned manufacturers in Belgium.
It strives for optimal functionality in each design. Mape's use of durable materials, years of experience and specialised machinery enables it to produce high-quality bespoke work.
All the kitchens are realised in Mape's own ateliers.

UN TRAVAIL SUR MESURE DE HAUTE QUALITÉ

L'entreprise familiale Mape a été fondée en 1967 et près d'un demi-siècle plus tard, ce spécialiste des meubles de cuisine et de salle de bains est devenu l'un des fabricants les plus réputés de Belgique.
Chaque projet vise une fonctionnalité optimale. Grâce à l'utilisation de matériaux durables, une longue expérience et un parc mécanique parfaitement équipé, Mape est en mesure de garantir un travail sur mesure de haute qualité.
Toutes les cuisines sont réalisées dans les ateliers de l'entreprise.

GEDEGEN VAKMANSCHAP

Het familiebedrijf Mape werd opgericht in 1967. Na bijna een halve eeuw is deze keuken- en badmeubelspecialist uitgegroeid tot één van de meest gerenommeerde fabrikanten in België.
Bij elk ontwerp wordt optimale functionaliteit nagestreefd. Door het gebruik van duurzame materialen, de jarenlange ervaring en een perfect uitgerust machinepark staat Mape garant voor kwalitatief hoogstaand maatwerk.
Alle keukens worden gerealiseerd in de eigen ateliers.

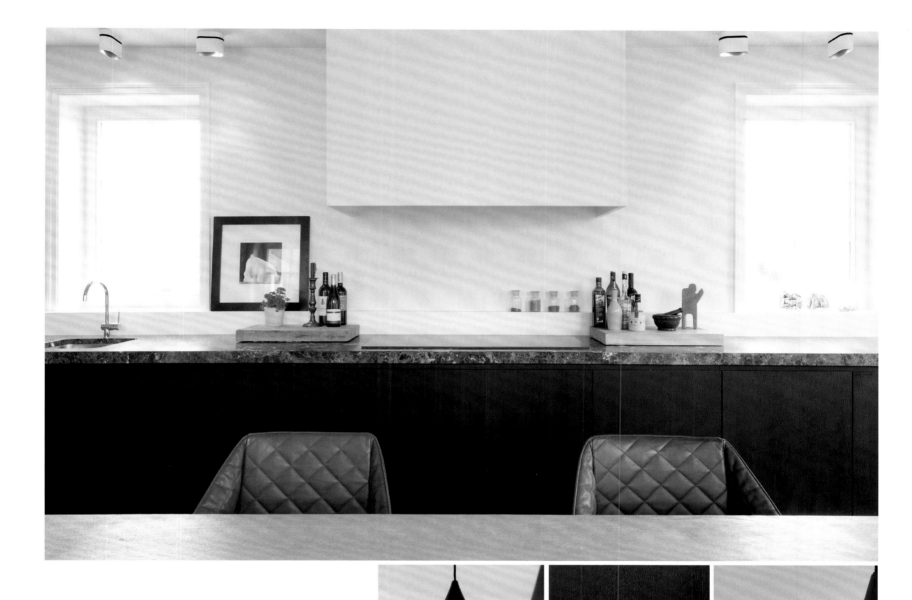

The oak kitchen doors were brushed and stained black. Worktop in Emperador Dark brushed marble.
Appliances by Atag (ovens, cooker, refrigerator), Blanco (tap) and Venduro (cooker hood). The refrigerator and oven were concealed behind an MDF wall. A second oven is located behind a revolving-sliding door under the worktop.
Architect: Steve Herzeel.

Les portes de cuisine en chêne ont été soigneusement brossées et teintées en noir par Mape. Plan de travail en Emperador Dark brossé.
Appareils Atag (fours, plaque de cuisson, réfrigérateur), Blanco (robinetterie) et Venduro (hotte). Le réfrigérateur et le four ont été intégrés à une cloison MDF. Le deuxième four est dissimulé derrière une porte pivotante et coulissante sous le plan de travail.
Architecte : Steve Herzeel.

De eiken keukendeuren werden door Mape zwaar uitgeborsteld en zwart gebeitst. Werkblad in Emperador Dark geborsteld.
Toestellen van Atag (ovens, kookplaat, koelkast), Blanco (kraan) en Venduro (dampkamp). De koelkast en oven werden verwerkt in een MDF-wand. Een tweede oven zit achter een draai-inschuifdeur onder het werkblad.
Architect: Steve Herzeel.

The warm tints and rustic, timeless style of this Mape kitchen was extended throughout the home.
The oak doors were aged with a band saw. Worktop in anticato granite.
Ovens, refrigerator and freezer by Miele, cooker/grill/hood (in worktop) by Gaggenau. A semi-professional tap by KVR.

Les couleurs chaudes et le style rural et intemporel de cette cuisine Mape se retrouvent dans l'ensemble de l'habitation.
Les portes en chêne ont été vieillies à la scie à ruban. Plan de travail en granite anticato.
Fours, réfrigérateur et congélateur Miele, plaque de cuisson/grill/hotte (intégrés dans plan de travail) Gaggenau. Robinet semi-professionnel KVR.

De warme tinten en de landelijke, tijdloze stijl van deze Mape keuken werden doorgetrokken in de gehele woning.
De deuren in eik werden met een lintzaag vergrijsd. Werkblad in graniet anticato.
Ovens, koelkast en diepvries van Miele, kookplaat/grill/dampkap (in werkblad) van Gaggenau. Een semi-professionele kraan van KVR.

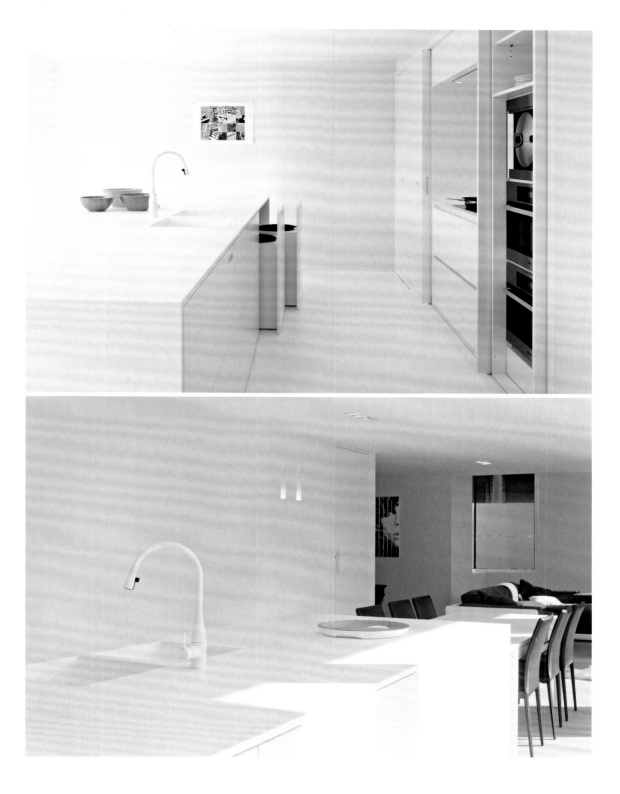

In this monochrome white kitchen the Mape drawers were equipped with electric power. The stools in the kitchen island are made with the same materials as the cabinets. The appliances and the cooking zone are concealed behind revolving-sliding doors.
Doors in white textured enamel with indented handles. Worktop in Corian glacier white with seamless sink and side walls.
Ovens, cooker and refrigerator by Miele. KWC taps and a Novy cooker hood.

Dans cette cuisine blanche monochrome, les tiroirs ont été équipés par Mape d'un moteur électrique. Les dossiers des chaises de l'îlot sont dotés de la même finition que les armoires basses. Les appareils et la zone de cuisson sont dissimulés par des portes coulissantes et rentrantes.
Portes en vernis structural blanc avec poignées fraisées. Plan de travail en Corian glacier white, intégration parfaite des éviers et des parois latérales.
Fours, plaque de cuisson et réfrigérateur : Miele. Robinetterie KWC et hotte Novy.

In deze monochroom witte keuken werden de laden door Mape uitgerust met een elektrische aandrijving. De stoeltjes in het keukeneiland hebben hetzelfde achterfront als de onderkasten. De toestellen en de kookzone zijn verwerkt achter indraai schuifdeuren.
Deuren in witte structuurlak met ingefreesde greep. Werkblad in Corian glacier white, met naadloze verwerking van spoelbakken en zijwanden.
Ovens, kookplaat en koelkast: Miele. KWC kraanwerk en een Novy dampkap.

Dauby nv
Uilenbaan 86
B-2160 Wommelgem / Antwerpen
T +32 (0)3 354 16 86
F +32 (0)3 354 16 32
info@dauby.be

www.dauby.be

EXCLUSIVE DOOR, WINDOW AND FURNITURE FITTINGS

Dauby nv is an importer of exclusive, high-quality door, window and furniture fittings in different styles.
The collections are cast in sand moulds following traditional methods then finished by hand. The sand leaves a somewhat granular "skin" on the items. This gives each piece a unique, distinctive look.
This report highlights Dauby's unique products.

DES FERRURES EXCLUSIVES

La SA Dauby importe des ferrures de portes, de fenêtres et de meubles exclusives et de haute qualité répondant à différents styles.
Les collections sont coulées de façon artisanale dans des moules en sable avant d'être finis à la main. Le sable servant de moule permet de conférer une « peau » légèrement granuleuse à l'objet coulé : chaque pièce bénéficie ainsi d'une apparence unique et caractéristique.
Ce reportage permet de découvrir les produits exclusifs de Dauby.

EXCLUSIEF DEUR-, RAAM- EN MEUBELBESLAG

Dauby nv is importeur van exclusief, hoogwaardig deur-, raam- en meubelbeslag in verschillende stijlen.
De collecties worden op ambachtelijke wijze gegoten in zandmallen en verder met de hand afgewerkt. Het vormzand laat een wat korrelige "huid" na op het gietsel: elk stuk krijgt daardoor een unieke, karaktervolle uitstraling.
In deze reportage kan men de unieke producten van Dauby ontdekken.

The Pure line is the latest Dauby collection.
It consists of timeless models in high-quality materials: white bronze (an alloy of white bronze) and aged iron (an alloy that oxidised in a natural manner).
In this collection Dauby offers door and window handles as well as safety and furniture fittings.
An Uytterhoeven creation (pp. 22-27).

La gamme Pure est la collection la plus récente de Dauby.
Celle-ci se compose de modèles intemporels réalisés à partir de matériaux de haute qualité : bronze blanc (un alliage de bronze blanc) et fer vieilli (un alliage qui s'est oxydé de manière naturelle).
Dans cette collection, Dauby propose à la fois des ferrures de portes et de fenêtres et des ferrures de sécurité et de meubles.
Une création Uytterhoeven (p. 22-27).

De Pure lijn is de jongste collectie van Dauby.
Deze collectie bestaat uit tijdloze modellen in hoogwaardige materialen: het wit brons (een legering uit wit brons) en verouderd ijzer (een legering die op natuurlijke wijze oxideerde).
In deze collectie biedt Dauby zowel deur- en raambeslag aan, als veiligheids- en meubelbeslag.
Een creatie van Uytterhoeven (p. 22-27).

In this project the designer chose Pure for its aged iron design.
The aged iron is an alloy, cast in sand moulds, with a completely manual finish. The result: a rough form that is immediately recognisable.
The aged look is created by applying a natural, dark wax that protects the alloy against rust.
Model furniture knob: PBU-45 an alloy that was oxidised in a natural manner.

Les concepteurs de ce projet ont opté pour le modèle en fer vieilli de la gamme Pure.
Le fer vieilli est en fait un alliage, coulé dans des moules en sable, bénéficiant d'une finition entièrement manuelle. Le résultat : une forme brute que l'on reconnaît immédiatement.
Ce look vieilli est obtenu en appliquant une cire naturelle et matte, qui protège également l'alliage de la rouille.
Modèle poignée de meuble : PBU-45 en alliage oxydé de manière naturelle.

In dit project werd geopteerd voor de uitvoering verouderd ijzer van Pure.
Het verouderd ijzer is een legering, gegoten in zandvormen, met volledig manuele afwerking.
Resultaat: een ruwe vorm die meteen herkenbaar blijkt.
De verouderde *look* ontstaat door het aanbrengen van een natuurlijke, donkere boenwas, die de legering ook beschermt tegen roest.
Model meubelknop: PBU-45 uit een legering, op natuurlijke wijze geoxideerd.

Dauby also offers door, window and furniture fittings in the collections Giara, Fama and Genifer: perfect for extending the line throughout the entire home, as was done in this project.
Model door knob: PhL with door handle in an alloy that was oxidised in a natural manner.

Dauby propose également, dans ses collections Giara, Fama et Genifer, des ferrures de portes, de fenêtres et de meubles : une solution parfaite pour prolonger l'ensemble de cette gamme dans toute la maison, comme dans le cadre de ce projet.
Modèle pêne de porte : PhL avec fermeture wc en alliage oxydé de façon naturelle.

In dit project werd geopteerd voor de uitvoering verouderd ijzer van Pure.
Het verouderd ijzer is een legering, gegoten in zandvormen, met volledig manuele afwerking.
Resultaat: een ruwe vorm die meteen herkenbaar blijkt.
De verouderde look ontstaat door het aanbrengen van een natuurlijke, donkere boenwas, die de legering ook beschermt tegen roest.
Model meubelknop: PBU-45 uit een legering, op natuurlijke wijze geoxideerd.

The Genifer collection was chosen for this project: classic, cast-iron models cast in sand moulds and finished completely by hand.
Model furniture knob: BT284 from solid cast-iron.
A project by Den Stal and Metiendo Vivendum (pp. 28-33).

Dans ce projet, les concepteurs ont opté pour la collection Genifer : des modèles classiques, des modèles en fonte, coulés dans des moules en sable et entièrement finis à la main.
Modèle poignée de meuble : BT284 en fonte massive.
Un projet Den Stal et Metiendo Vivendum (p. 28-33).

In dit project werd geopteerd voor de Genifer collectie: stuk voor stuk klassieke, gietijzeren modellen, gegoten in zandmallen en volledig met de hand afgewerkt.
Model meubelknop: BT284 uit massief gietijzer.
Een project van Den Stal en Metiendo Vivendum (p. 28-33).

All Dauby collections are made with materials that oxidise: the finish will change due to external influences (humidity, air pollution, cleaning products, etc.). Dauby calls this a "Living Finish". It makes every item unique.

Toutes les collections Dauby se composent de matériaux qui s'oxydent : la finition évoluera donc en fonction des conditions extérieures (humidité de l'air, pollution, produits de nettoyage,...) : Dauby qualifie cela de « Living Finish », ce qui rend chaque pièce unique...

Alle Dauby collecties bestaan uit materialen die oxideren: de afwerking zal veranderen door externe invloeden (luchtvochtigheid, luchtvervuiling, schoonmaakproducten,...): Dauby noemt dit "Living Finish", het maakt elk stuk uniek...

Model furniture knob: BT284 from solid cast-iron.
Model door handle: BE1212/R1508 from solid cast-iron oxidised in a natural manner.

Modèle poignée de meuble : BT284 en fonte massive.
Modèle pêne de porte : BE1212/R1508 en fonte massive, rouillée de façon naturelle.

Model meubelknop: BT284 uit massief gietijzer.
Model deurklink: BE1212/R1508 uit massief gietijzer, op natuurlijke wijze geroest.

Dauby also offers more modern models such as the Pure, Giara and Fama collections.
The austere design, combined with natural materials, ensures a unique effect.
Model flush handle: PRSD from an alloy of white bronze. Model door handle: PPH-350 from an alloy of white bronze. Model door handle: M12/R12 from an alloy of white bronze.
A Mereno Keukens project (pp. 34-37).

Vous trouverez également chez Dauby des modèles plus lisses : les collections Pure, Giara et Fama offrent en effet ce genre de possibilités.
L'environnement lisse, combiné au matériau naturel, assure un effet unique en son genre.
Modèle coquille encapsulée : PRSD en alliage de bronze blanc. Modèle pêne de porte : PPH-350 en alliage de bronze blanc. Modèle pêne de porte : M12/R12 en alliage de bronze blanc.
Un projet Mereno Keukens (p. 34-37).

Ook voor strakkere modellen kan men bij Dauby terecht: de collecties Pure, Giara en Fama bieden deze mogelijkheid.
De strakke vormgeving, in combinatie met het natuurlijke materiaal, zorgt voor een uniek effect.
Model inkapschelp: PRSD uit een legering van wit brons. Model deurgreep: PPH-350 uit een legering van wit brons. Model deurklink: M12/R12 uit een legering van wit brons.
Een project van Mereno Keukens (p. 34-37).

Model door handle of this outdoor kitchen: PM1469 from solid bronze, oxidised in a natural manner. Model furniture fitting (high cupboard): PMQ-512 from an alloy of white bronze.

Modèle de poignée de porte de cette cuisine extérieure : PM1469 en bronze massif, oxydé de façon naturelle. Modèle de poignée de porte (armoire haute) : PMQ-512 en alliage de bronze blanc.

Model deurgreep van deze buitenkeuken: PM1469 uit massief brons, op natuurlijke wijze geoxideerd. Model meubelgreep (hoge kast): PMQ-512 uit een legering van wit brons.

Hullebusch
Brugsebaan 4a
B-8850 Ardooie
T +32 (0)51 46 78 67
F +32 (0)51 46 78 71
info@hullebusch.com

www.hullebusch.com

MASTERSHIP IN NATURAL STONE

Hullebusch is a leading natural stone company. In consultation with trendsetting architects and interior designers, the company produces tiles and bespoke work for indoor and outdoor applications. Hullebusch offers stylish and timeless floors: Belgian bluestone stylo romano, Pietra dei Medici poco veccio, Chambolle poco veccio and an assortment of special mosaics.

LA MAITRISE DE LA PIERRE NATURELLE

Hullebusch est une entreprise de pointe du secteur de la pierre naturelle. En collaboration avec des architectes et des designers d'intérieur d'avant-garde, cette entreprise propose des carreaux et des produits sur mesure pour applications intérieures et extérieures. Vous trouverez chez Hullebusch toute une série de revêtements de sol élégants et intemporels : pierre de taille bleue belge stylo romano, Pietra dei Medici poco veccio, Chambolle poco veccio ainsi que tout un assortiment de mosaïques spéciales.

MEESTERSCHAP IN NATUURSTEEN

Hullebusch is een toonaangevend natuursteenbedrijf. In samenspraak met trendsettende architecten en interieurontwerpers produceert het bedrijf tegels en maatwerk voor binnen- en buitentoepassingen. Bij Hullebusch vindt men stijlvolle en tijdloze vloeren: Belgische blauwe hardsteen stylo romano, Pietra dei Medici poco veccio, Chambolle poco veccio en een assortiment bijzondere mozaïeken.

Belgian bluestone has been a rewarding product for decades, also in
the kitchen. The serrated and honed finish "mat satiné" is very suitable
as indoor flooring. Here it is nicely combined with a table and worktop in
stainless steel.

La pierre bleue belge constitue un produit particulièrement intéressant
depuis de nombreuses décennies, notamment pour une cuisine.
La finition lisse et adoucie « mat satiné » convient parfaitement aux
carrelages intérieurs et est ici joliment combinée à une table et un plan de
travail en acier inoxydable.

Belgische blauwe hardsteen is al decennialang een dankbaar product,
ook in de keuken. De strak gezaagde en verzoete afwerking "mat satiné"
is heel geschikt als binnenbevloering en wordt hier mooi gecombineerd
met een tafel en aanrecht in roestvrij staal.

The same natural stone can look completely different with different finishes. Here Pierre de Varennes Muschelkalk was cut and finished for a rougher yet open structure. The result with the pointed tiles proves that this warm grey floor can be installed in a rustic or a modern setting. The stone looks rough but is given a soft touch via the Hullebusch donsato finish. The room's furnishings were consciously kept sober to counter the distinct tile structure.
A design by Vlassak-Verhulst.

La même pierre naturelle peut offrir une toute autre apparence si on lui applique certains traitements. La Pierre de Varennes Muschelkalk a ici été sciée et traitée de façon à obtenir une structure plus sommaire et ouverte. Ce résultat, en carreaux jointoyés, démontre que ce sol d'un gris chaud peut aussi bien s'intégrer à un environnement rustique que moderne. La pierre semble brute mais bénéficie malgré tout d'une nuance douce grâce à la finition Hullebusch donsato. La pièce a été délibérément habillée avec sobriété, pour faire contrepoids à la structure carrelée plus marquée.
Un projet Vlassak-Verhulst.

Dezelfde natuursteen kan door verschillende bewerkingen voor een totaal ander beeld zorgen. Hier werd Pierre de Varennes Muschelkalk zo verzaagd en bewerkt voor een ruwere en open structuur. Het resultaat met de gevoegde tegels bewijst dat deze warmgrijze vloer zowel in een rustieke als in een moderne setting geplaatst kan worden. De steen lijkt ruw maar krijgt toch een zachte toets door de Hullebusch donsato afwerking. De aankleding van de ruimte werd bewust sober gehouden als tegengewicht voor de uitgesproken tegelstructuur.
Een ontwerp van Vlassak-Verhulst.

This Pietra dei Medici is an unglazed grey beige floor with a distinct natural character. The exclusive Hullebusch poco veccio finish softens the colour nuances in the different tiles and creates a lovely palette of warm tints. Moreover, the matte and slightly roughened surface provides perfect applicability indoors and outdoors, from kitchen to terrace!
A project by Luxhome.

Cette Pietra dei Medici est un sol gris-beige non-brillant présentant un caractère résolument naturel. La finition Hullebusch exclusive poco veccio adoucit les nuances colorées des différents carreaux et crée une jolie palette de teintes chaudes. La surface matte et légèrement brute permet en outre d'utiliser cette solution aussi bien à l'intérieur qu'à l'extérieur, de la cuisine à la terrasse !
Un projet Luxhome.

Deze Pietra dei Medici is een niet-glanzende grijsbeige vloer met een uitgesproken natuurlijk karakter. De exclusieve Hullebusch afwerking poco veccio verzacht de kleurnuances in de verschillende tegels en creëert een mooi palet van warme tinten. Bovendien zorgt het matte en licht geruwde oppervlak voor een perfecte toepasbaarheid binnen en buiten, van keuken tot terras!
Een project van Luxhome.

Liedssen
Wingepark 16
3110 Rotselaar
T +32 (0)16 44 01 64
F +32 (0)16 44 01 80
info@liedssen.be

www.liedssen.be

THE ART OF CUSTOMISATION

Liedssen has consciously been following its own path since 1976. It remains loyal to its philosophy of exclusive customisation.

Every project is unique and is completely integrated in the living environment.

To achieve this, the offerings are very extensive. Liedssen offers a wide variety of materials, finishes and colours.

The showroom in Rotselaar is a meeting place where dialogue and creativity come together so that the customer's wildest dreams can come true.

Liedssen applies all of its know-how and experience and transforms the daily living environment of each customer into a successful project.

L'ART DU SUR-MESURE

Depuis 1976, Liedssen suit sa propre voie avec conviction et reste fidèle à sa philosophie en cultivant l'art du sur-mesure.

Chaque projet se veut unique et parfaitement intégré à l'espace de vie. Pour ce faire, l'offre se veut délibérément pléthorique au niveau des matériaux, des finitions et des couleurs.

Le showroom à Rotselaar est un lieu d'écoute, d'échange et de créativité dédié à tous les projets des clients, même les plus fou.

Liedssen mettra en œuvre tout son savoir-faire et son expérience afin d'élaborer le projet réussi qui transformera le quotidien de chaque client.

DE KUNST VAN MAATWERK

Al sinds 1976 volgt Liedssen zelfbewust zijn eigen weg, trouw aan zijn filosofie van exclusief maatwerk.

Elk project is uniek en wordt volledig geïntegreerd in de woonomgeving.

Om dit te bereiken is het aanbod zeer uitgebreid: zowel op het gebied van de materialen, de afwerking als het kleurengebruik.

De showroom in Rotselaar is een ontmoetingsplaats waar dialoog en creativiteit elkaar ontmoeten in functie van de klant, om zelfs diens meest wilde dromen te verwezenlijken.

Liedssen zet heel zijn know-how en ervaring in om de dagelijkse woonsfeer van elke klant te transformeren tot een geslaagd project.

An impressive central element allows the chef to cook in close contact with the guests. This majestic realisation defies gravity. The table is more than 3 metres long and made from Corian®. The gas hob and various storage spaces are integrated in the design. The hanging coffee machine appears to float; it is intersected with a shelf that connects the ends of this piece. The worktop and built-in sink are made from Corian®. The handle-free unit has a bevelled edge for perfect integration with the worktop.

Un imposant élément central permet de cuisiner face aux convives. Cette majestueuse réalisation défie les lois de l'équilibre par son porte-à-faux de plus de 3 mètres, le tout habillé de Corian®. La taque de cuisson à gaz posée à fleur et divers espaces de rangements sont intégrés.
La machine à café suspendue donne l'impression de flotter et est traversée par une étagère reliant les extrémités de la pièce.
Le plan de travail et l'évier encastré sont réalisé en Corian®.
Les poignées des meubles sont creusées délicatement dans la masse, un onglet à été réalisé pour joindre parfaitement le plan de travail.

Een indrukwekkend centraal element laat toe om te koken in nauw contact met de genodigden. Deze majestueuze realisatie tart de wetten van de zwaartekracht door de tafel van meer dan 3 meter, volledig uitgevoerd in Corian®. De kookplaat (op gas) en verschillende bergruimtes zijn in dit ontwerp geïntegreerd. De hangende koffiemachine lijkt wel te zweven; ze wordt doorkruisd met een schap dat de uiteinden van dit stuk verbindt. Het werkblad en de ingebouwde wastafel zijn in Corian® uitgevoerd. De handvaten van het meubilair werden ingenieus in de massa geslepen, in verstek voor een perfecte integratie met het werkblad.

A pure style thanks to the handle-free doors in solid walnut.
A floating extractor hood made from Corian® and indirect lighting.
To the right of the ovens is a sliding door to hide the kitchen appliances. The inside of this cupboard
harmonises with the walnut doors.
Worktop and sink in white Carrara marble with a honed finish. The tap and sink can be hidden under a Corian®
plank.
Hanging units in satin enamel with a slight structure. The bevelled recesses are also made from Corian®.

Un style épuré grâce aux portes en noyer massif sans poignées.
Hotte à régénération suspendue fabriquée en Corian® et rétro-éclairée.
A droite des fours, une porte oscillo-rentrante pour rendre le petit électro accessible. L'intérieur de cette
armoire est assorti aux portes en noyer.
Le plan de travail et l'évier sont en marbre Blanc de Carrare adouci. Le robinet s'enfonce et permet de
recouvrir la vaste cuve d'évier d'une planche en Corian®.
Armoires suspendues en émail satiné légèrement structuré. Les niches à onglet ressortant sont réalisées en
Corian®.

Een uitgepuurde stijl dankzij de deuren in massieve notelaar, greeploos.
Een zwevende dampkap gebouwd in Corian® en indirect verlicht.
Rechts van de ovens een inschuifdeur om de keukenapparatuur te verbergen. Het binnenwerk van deze kast
harmonieert met de deuren in notelaar.
Werkblad en wastafel in witte Carrara marmer, verzoete afwerking. De kraan kan weggewerkt worden en laat
toe de ruime waskuip met een plank in Corian® te bekleden.
Hangkasten in gesatineerd email, licht gestructureerd. De nissen in verstek werden eveneens in Corian®
uitgevoerd.

This Liedssen kitchen was realised in collaboration with "La Maison au fond du jardin".

Cette cuisine Liedssen a été réalisée en collaboration avec le bureau d'étude et de décoration "La Maison au fond du jardin".

Deze Liedssen keuken werd gerealiseerd in samenwerking met het studie- en decoratiebureau "La Maison au fond du jardin".

Paul van de Kooi keukens op maat
Showroom: Nijverheidsweg Noord 74 D
NL-3812 PM Amersfoort
T +31 (0)33 4651111
F +31 (0)33 4651177
Postadres: Postbus 312
NL-3800 AH Amersfoort
info@paulvandekooi.nl

www.paulvandekooi.nl

AN ESTABLISHED NAME

Paul van de Kooi custom kitchens, established in 1992, distinguishes itself by designing, manufacturing and installing hand-made kitchens and interiors.

In the Netherlands Paul van de Kooi kitchens has grown into a well-established name. The company from Amersfoort is synonymous with creativity, high-quality materials and top-quality craftsmanship. Everything is manufactured under its own management within walking distance from the showroom.

Founder Paul van de Kooi and his impassioned employees view each new assignment as a challenge.

Working with natural materials and product purity, that's what Paul van de Kooi stands for.

To sample the atmosphere, one can admire no less than 17 kitchens in the showroom in Amersfoort.

UNE VALEUR BIEN ÉTABLIE

Paul van de Kooi, une entreprise fondée en 1992, se distingue dans le secteur de la conception, de la réalisation et de l'installation de cuisines et d'intérieurs sur mesure.

Aux Pays-Bas, Paul van de Kooi Cuisines sur Mesure, une entreprise implantée à Amersfoort, est devenue une valeur particulièrement bien établie, synonyme de créativité, de matériaux de grande qualité et de travail bien fait. Tout est encore produit en régie, à quelques pas du show-room.

Le fondateur, Paul van de Kooi, et ses collaborateurs passionnés, considèrent chaque nouvelle mission comme un défi à relever.

Le travail réalisé à partir de matériaux naturels, la pureté du produit, c'est tout cela que garantit Paul van de Kooi.

Pour découvrir cette atmosphère particulière, il suffit de visiter le show-room d'Amersfoort où vous pourrez admirer pas moins de dix-sept cuisines…

EEN VASTE WAARDE

Paul van de Kooi keukens op maat, opgericht in 1992, onderscheidt zich in het ontwerpen, vervaardigen en plaatsen van handgemaakte keukens en interieurs.

In Nederland is Paul van de Kooi keukens uitgegroeid tot een zeer vaste waarde en staat het bedrijf uit Amersfoort synoniem voor creativiteit, hoogwaardige materialen en gedegen vakmanschap. Alles wordt nog in eigen beheer vervaardigd op wandelafstand van de showroom.

Oprichter Paul van de Kooi en zijn gepassioneerde medewerkers zien elke nieuwe opdracht als een uitdaging.

Het werken met natuurlijke materialen, de puurheid van het product: daar staat Paul van de Kooi garant voor.

Om de sfeer te proeven, kan men in de showroom te Amersfoort maar liefst zeventien keukens bewonderen...

A rustic oak kitchen with a Wolf cooker, Gaggenau refrigerators and an extractor hood by Gutmann. A combination microwave/steam oven by Miele.

Une cuisine rurale en chêne avec cuisinière Wolf, réfrigérateur Gaggenau et hotte Gutmann. Un combiné micro-ondes /four à vapeur Miele.

Een landelijke eikenhouten keuken met fornuis van Wolf, koelkasten van Gaggenau en een afzuigkap van Gutmann. Een combi magnetron/ stoomoven van Miele.

This kitchen was realised by the Paul van de Kooi team in brushed oak with a white wash. Concrete worktop and sides were poured in situ seamlessly. Units in water-proof, glued birch multiplex.

Cette cuisine a été réalisée par l'équipe de Paul van de Kooi en chêne brossé *white wash*. Le plan de travail et les parois latérales ont été directement coulés dans le béton, sur place. Armoires intérieures en contreplaqué de bouleau encollé et étanche.

Deze keuken werd door het team van Paul van de Kooi gerealiseerd in geborsteld eikenhout met een *white wash*. Werkblad en zijwand werden naadloos ter plaatse in beton gestort. Binnenkasten van watervast verlijmd berken multiplex.

A classic kitchen in solid oak covered with F&B Joa's White.
Units in water-proof, glued birch multiplex.
A Lacanche cooker and a Gaggenau steam oven. A Belgian bluestone worktop.

Une cuisine classique en chêne massif avec F&B Joa's White.
Armoires intérieures en contreplaqué de bouleau encollé et étanche.
Cuisinière Lacanche et four à vapeur Gaggenau. Le plan de travail est en pierre bleue belge.

Een klassieke keuken in massieve eiken gekleurd met F&B Joa's White.
Binnenkasten van watervast verlijmd berken multiplex.
Een Lacanche fornuis en een stoomoven van Gaggenau. Het werkblad is uitgevoerd in Belgische hardsteen.

A rustic modern kitchen in solid, painted oak, designed by Paul van de Kooi.
The refrigerator/freezer is by Viking, the combination microwave/steam oven and two warming drawers by Miele, the hob and teppanyaki grill plate also by Miele.
Worktop in composite stone. Units in water-proof, glued birch multiplex.

Une cuisine rurale moderne en chêne massif teinté, signée Paul van de Kooi.
Le combiné réfrigérateur/congélateur est de marque Viking, le combiné vapeur/combiné micro-ondes et les 2 tiroirs chauffe-plats sont de Miele, de même que la plaque de cuisson et le teppanyaki.
Plan de travail en pierre composite. Armoires intérieures en contreplaqué de bouleau encollé et étanche.

Een landelijk moderne keuken in massieve, gekleurde eiken, gesigneerd Paul van de Kooi.
De koel/vries combinatie is van Viking, de combi stoom/combi magnetron en 2 warmhoudlades is van Miele, evenals de kookplaat en teppan yaki.
Werkblad in composietsteen. Binnenkasten van watervast verlijmd berken multiplex.

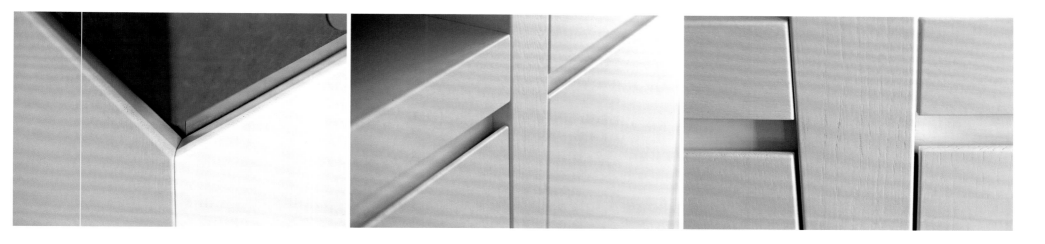

The doors are handle-free with bevelled edges.

Les portes n'ont pas de poignée et sont réalisées en biais.

De deuren zijn greeploos, in het verstek uitgevoerd.

A classic kitchen in solid oak with refrigerator and freezer by Gaggenau.
Combination microwave/steam oven by Miele.
A Viking cooker and a Siemens wine cabinet. Worktop in granite, antique brown finish.

Une cuisine classique en chêne massif avec réfrigérateur et congélateur Gaggenau.
Combiné micro-ondes et combiné vapeur Miele.
Cuisinière Viking et armoire à vin Siemens. Plan de travail en granite, finition antique brown.

Een klassieke keuken in massieve eiken met koelkast en vriezer van Gaggenau.
Combi magnetron en combi stoom van Miele.
Een fornuis van Viking en een wijnkast van Siemens. Een werkblad in graniet, afwerking antique brown.

This kitchen was painted with F&B White Tie.
Units in water-proof, glued birch multiplex.

Cette cuisine a été peinte en F&B White Tie.
Armoires intérieures en contreplaqué de bouleau encollé et étanche.

Deze keuken werd geschilderd met de kleur F&B White Tie.
Binnenkasten van watervast verlijmd berken multiplex.

This rustic modern kitchen in solid walnut was designed by Paul van de Kooi custom kitchens.
A combination steam oven/oven, an induction hob with wok and teppanyaki grill, all by Gaggenau. Extractor hood by Gutmann. Worktops, sides and backsplash in Marron Anciento.
Units in water-proof, glued birch multiplex.

Cette cuisine rurale moderne en noyer massif a été conçue sur mesure par Paul van de Kooi.
Combiné four/four à vapeur, plaque de cuisson à induction avec wok et teppanyaki, tous de marque Gaggenau. Hotte aspirante Gutmann. Plans de travail, parois latérales et arrière Marron Anciento.
Armoires intérieures en contreplaqué de bouleau encollé et étanche.

Ook deze landelijk moderne keuken in massief notenhout is van de hand van Paul van de Kooi keukens op maat.
Een combi stoomoven/oven, een inductie kookplaat met wok en teppan yaki, alle van Gaggenau. Afzuigkap van Gutmann. Werkbladen, zijwanden en achterwand in Marron Anciento.
Binnenkasten van watervast verlijmd berken multiplex.

A modern, tough kitchen in solid oak painted in Ral 9003.
Units in water-proof, glued birch multiplex.
Cooker and refrigerator/freezer unit by Viking. The combination steam oven/warming drawer is by
Gaggenau. Extractor hood by Gutmann.
The worktop in terrazzo was poured in situ.

Une cuisine robuste et moderne en chêne massif, peinte en Ral 9003.
Armoires intérieures en contreplaqué de bouleau encollé et étanche.
Table de cuisson et combiné réfrigérateur/congélateur de marque Viking. Le combiné four/vapeur et le tiroir
chauffe-plats sont de marque Gaggenau. Hotte aspirante Gutmann.
Le plan de travail en terrazzo a été coulé sur place.

Een moderne, stoere keuken in massief eiken, geschilderd in de kleur Ral 9003.
Binnenkasten van watervast verlijmd berken multiplex.
Kooktop en koel/vries combinatie zijn van Viking. De oven combi stoom en warmhoudla is van Gaggenau.
Een afzuigkap van Gutmann.
Het werkblad in terrazzo werd ter plaatse gestort.

This rustic kitchen was realised by the Paul van de Kooi team in oak. The solid oak was stained.
Units in water-proof, glued birch multiplex.
Hob by Pitt Cooking, oven by Siemens (combination steam / combination microwave / oven). Concrete worktop poured in situ.

Cette cuisine de style campagnard a été réalisée en chêne par l'équipe de Paul van de Kooi. Le chêne massif a été peint.
Armoires intérieures en contreplaqué de bouleau encollé et étanche.
Plaque de cuisson Pitt Cooking, four Siemens (combiné vapeur/ combiné micro-ondes/four). Plan de travail en béton coulé sur place.

Deze landelijke keuken werd door het team van Paul van de Kooi in eikenhout gerealiseerd. De massieve eiken werd op kleur gebracht.
Binnenkasten van watervast verlijmd berken multiplex.
Kookplaat van Pitt Cooking, oven van Siemens (combi stoom / combi magnetron / oven). Werkblad van ter plaatse gestort beton.

A rustic oak kitchen with marble worktop. Units in water-proof, glued birch multiplex.

Une cuisine rurale en chêne avec plan de travail en marbre. Armoires intérieures en contreplaqué de bouleau encollé et étanche.

Een landelijke keuken in eikenhout met marmeren werkblad. Binnenkasten van watervast verlijmd berken multiplex.

A tough, rustic kitchen in oak painted matte white. Combination steam oven/warming drawer by Gaggenau and Viking cooker. Stainless steel worktops orbital polished and mat-finished in Nero Foreste (the island). Units in water-proof, glued birch multiplex.

Une robuste cuisine campagnarde en chêne, vernie en blanc mat. Combiné four à vapeur et tiroir chauffe-plat Gaggenau, cuisinière Viking et plans de travail en RVS à meulage excentrique et adoucis en Nero Forreste (pour l'îlot).
Armoires intérieures en contreplaqué de bouleau encollé et étanche.

Een stoere, landelijke keuken in eikenhout, mat blank gelakt. Combi stoomoven en warmhoudla van Gaggenau, fornuis van Viking en werkbladen in RVS orbitaal geslepen en in Nero Forreste verzoet (voor het eiland).
Binnenkasten van watervast verlijmd berken multiplex.

A classic Paul van de Kooi kitchen in oak, with a La Cornue cooker.
Worktop is Belgian bluestone finished with a parrot beak edge.
The solid oak kitchen is painted in F&B Pointing.
Units in water-proof, glued birch multiplex. Makkum black tiles.

Une cuisine classique Paul van de Kooi en chêne, avec une cuisinière La
Cornue.
Le plan de travail est en pierre bleue belge, agrémentée d'un nez bec de
corbin.
La cuisine est en chêne massif, peint en F&B Pointing.
Armoires intérieures en contreplaqué de bouleau encollé et étanche.
Carreaux noirs de Makkum.

Een klassieke Paul van de Kooi keuken in eikenhout, met een fornuis van La
Cornue.
Werkblad is Belgische hardsteen, afgewerkt met een papegaaiebek.
De keuken is uitgevoerd in massief eiken, geschilderd in de kleur F&B
Pointing.
Binnenkasten van watervast verlijmd berken multiplex. Makkumer zwarte
tegeltjes.

A French inspired classic oak kitchen with Lacanche cooker.
Worktop in Belgium Blue composite stone, sink also in Belgium Blue.
Units in water-proof, glued birch multiplex.

Une cuisine en chêne classique d'inspiration française avec cuisinière Lacanche.
Plan de travail en pierre composite Belgium Blue, évier également en Belgium Blue.
Armoires intérieures en contreplaqué de bouleau encollé et étanche.

Een Frans geïnspireerde klassieke eikenhouten keuken met Lacanche fornuis.
Werkblad in Belgium Blue composietsteen, spoelbak eveneens in Belgium Blue.
Binnenkasten van watervast verlijmd berken multiplex.

A tough, modern and rustic kitchen in solid oak (colour Faber).
A Wolf cooker, extractor hood by Gutmann, worktop in Blanco
Capri.
The stainless steel handles were designed by Paul van de Kooi.

Une robuste cuisine rurale et moderne en chêne massif (couleur
Faber).
La cuisinière est de marque Wolf, hotte Gutmann, plan de travail
Blanco Capri.
Les poignées en acier inoxydable sont une création personnelle
Paul van de Kooi.

Een stoere, moderne en landelijke keuken in massieve eiken
(kleur Faber).
Het fornuis is van Wolf, afzuigkap van Gutmann, werkblad in
Blanco Capri.
De grepen in roestvrij staal zijn een eigen Paul van de Kooi
ontwerp.

A 'Grand cafe' kitchen in Socupera veneer, with granite worktop, ovens by Gaggenau and hob by Pitt Cooking.
The stainless steel handles were designed by Paul van de Kooi. Stainless steel side walls and partitioning walls. Units in water-proof, glued birch multiplex.

Une cuisine Grandcafe plaquée en Socupera, avec plan de travail en granite, fours Gaggenau et plaque de cuisson Pitt Cooking.
Les poignées rvs sont une création personnelle. Les parois latérales et intermédiaires sont également en acier inoxydable. Armoires intérieures en contreplaqué de bouleau encollé et étanche.

Een Grandcafe keuken in Socupera gefineerd, met granieten werkblad, ovens van Gaggenau en kookplaat van Pitt Cooking.
De rvs-grepen zijn een eigen ontwerp. Ook de zijwanden en tussenwanden werden in roestvrij staal uitgevoerd.
Binnenkasten van watervast verlijmd berken multiplex.

A Paul van de Kooi kitchen in MDF. High gloss metallic paint colour CM 603F3 was sprayed on. The worktops and sides of the islands are solid stainless steel, 10 mm thick. Units in water-proof, glued birch multiplex. Oven and combination steam oven/warming drawer are by Gaggenau. The extractor hood/lamp is by Ornell. Hob by Pitt Cooking.

Une cuisine Paul van de Kooi en MDF, couleur pulvérisée métallique brillante CM 603F3. Les plans de travail et parois latérales des îlots sont en acier inoxydable de 10 mm d'épaisseur. Armoires intérieures en contreplaqué de bouleau encollé et étanche. Four, combiné four à vapeur et tiroir chauffe-plats de marque Gaggenau.
La hotte et la lampe sont de marque Ornell. Plaque de cuisson Pitt Cooking.

Een Paul van de Kooi keuken in MDF, in metallic hoogglans gespoten kleur CM 603F3. De werkbladen en zijwanden van de eilanden zijn uitgevoerd in massief roestvrij staal, 10 mm dik. Binnenkasten van watervast verlijmd berken multiplex. Oven, combi stoomoven en warmhoudla zijn van Gaggenau.
De afzuigkap / lamp is van Ornell. Een kookplaat van Pitt Cooking.

A modern, chic kitchen realised by Paul van de Kooi custom kitchens in Macassar Ebony and high gloss black.
Refrigerator / wine cabinet and freezer by Gaggenau. Combination steam oven/oven/warming drawer by Gaggenau. Extractor hood by Gutmann, hobs by Pitt Cooking and custom-designed taps by Mina.
Backsplash in marble mosaic by Hullebusch.
Worktop in Diano Reale Satinato marble.
The lower units are in Macassar; the higher parts in MDF sprayed with high gloss black paint. Units in water-proof, glued birch multiplex.

Une cuisine moderne et chic réalisée sur mesure par Paul van de Kooi en bois de Macassar, peinture noire brillante.
Réfrigérateur/armoire à vin et congélateur Gaggenau. Combiné four à vapeur, four et tiroir chauffe-plats de marque Gaggenau. Hotte aspirante Gutmann, plaque de cuisson Pitt Cooking et robinetterie Mina d'après un concept personnel.
La cloison arrière de la mosaïque de marbre vient de chez Hullebusch.
Plan de travail réalisé en marbre Diano Reale satinato.
La partie basse de la cuisine est en Macassar ; les parties hautes en MDF, d'un noir brillant pulvérisé. Armoires intérieures en contreplaqué de bouleau encollé et étanche.

Een moderne, chique keuken gerealiseerd door Paul van de Kooi keukens op maat in Macassarhout en hoogglans zwart.
Een koelkast / wijnkast en vriezer van Gaggenau. Combi stoomoven, oven en warmhoudla zijn van Gaggenau. Een afzuigkap van Gutmann, kookpitten van Pitt Cooking en kranen van Mina naar eigen ontwerp.
De achterwand van de marmermozaïek is van bij Hullebusch.
Werkblad uitgevoerd in Diano Reale satinato marmer.
Het lage gedeelte van de keuken is in Macassar; de hoge gedeelten in MDF, hoogglans zwart gespoten. Binnenkasten van watervast verlijmd berken multiplex.

A modern, austere kitchen with extractor hood by Gutmann and hob by Pitt Cooking. The concrete worktop was poured in situ.
The kitchen is made from MDF sprayed in a matte metallic paint (colour CM609A1). Units in water-proof, glued birch multiplex.

Une cuisine moderne et plane avec hotte aspirante Gutmann et plaque de cuisson Pitt Cooking. Le plan de travail est en béton, coulé sur place.
La cuisine est en MDF, pulvérisation de vernis auto mat métallique, de couleur CM609A1. Armoires intérieures en contreplaqué de bouleau encollé et étanche.

Een moderne, strakke keuken met afzuigkap van Gutmann en een kookplaat van Pitt Cooking. Het werkblad bestaat uit beton, ter plaatse gegoten.
De keuken is van MDF, gespoten in een matte metallic autolak, kleur CM609A1. Binnenkasten van watervast verlijmd berken multiplex.

A rustic "New York" kitchen in solid oak, stained by the Paul van de Kooi team. Hobs by Wolf, a combination microwave/oven, combination steam oven/warming drawer by Gaggenau.
Orbital polished stainless steel worktop.
The bar worktop is a solid oak tree-trunk.
Units in water-proof, glued birch multiplex.

Une cuisine « New York » en chêne massif, peinte par l'équipe de Paul van de Kooi d'après un concept maison. Plaques de cuisson Wolf, combiné micro-ondes, four, combiné four à vapeur et tiroir chauffe-plats de marque Gaggenau.
Plan de travail en RVS, à meulage excentrique.
La table de bar est en tronc de chêne.
Armoires intérieures en contreplaqué de bouleau encollé et étanche.

Een landelijke "New York" keuken in massief eiken, gekleurd naar eigen recept door het team van Paul van de Kooi. Kookplaten van Wolf, een combi magnetron, oven, combi stoomoven en warmhoudladen van Gaggenau.
Werkblad in RVS, orbitaal geslepen.
Het houten barblad is een massief eiken boomstam.
Binnenkasten van watervast verlijmd berken multiplex.

A wine room and utility room in "New York" style. Wine cabinets by Gaggenau, washing machine and dryer by Asko. Orbital polished stainless steel worktop.
The display cases and entry doors are hand hammered in blue steel. Solid oak furniture stained in specially designed colour.

Une cave à vin et une cuisine annexe de style « New York ». Armoires à vin Gaggenau, machine à laver et séchoir Asko. Le plan de travail est en acier inoxydable, meulage excentrique.
Les portes de l'armoire de service et d'accès ont été forgées en acier bleu. Meuble en chêne massif teinté d'après un concept maison.

Een wijnkamer en bijkeuken in "New York" stijl. Wijnkasten van Gaggenau, wasmachine en droogkast van Asko. Het werkblad is in roestvrij staal, orbitaal geslepen.
De servieskast- en toegangsdeuren zijn met de hand gesmeed in blauw staal. Meubelwerk van massief eiken in kleur naar eigen recept.

A tough, rustic kitchen in solid oak painted in Ral 9010. Units in water-proof, glued birch multiplex.
Cooker and extractor hood, refrigerator/freezer combination and combination steam oven by Viking.
Worktop in Ceramistone Maronne.

Une robuste cuisine rurale en chêne massif, peinte en blanc Ral 9010.
Armoires intérieures en contreplaqué de bouleau encollé et étanche.
Cuisinière et hotte aspirante, combiné réfrigérateur/congélateur et combiné four à vapeur de marque Viking.
Plan de travail Ceramistone Maronne.

Een stoere landelijke keuken in massief eiken, geschilderd in een wittint, Ral 9010. Binnenkasten van watervast verlijmd berken multiplex.
Fornuis en afzuigkap, koel/vries combinatie en combi stoomoven alle van Viking.
Een werkblad in Ceramistone Maronne.

A Paul van de Kooi bar and kitchen in solid walnut. Units in water-proof, glued birch multiplex.
Oven and combination steam oven by Gaggenau, hob by Pitt Cooking. Concrete worktop, sides and backsplash poured in situ in one piece.

Bar et cuisine Paul van de Kooi en noyer massif. Armoires intérieures en contreplaqué de bouleau encollé et étanche.
Four et combiné four à vapeur Gaggenau, plaque de cuisson Pitt Cooking. Plan de travail, parois latérales et arrière en béton, coulé sur place et d'une seule pièce.

Een Paul van de Kooi bar en keuken in massief notenhout. Binnenkasten van watervast verlijmd berken multiplex.
Oven en combi stoomoven van Gaggenau, kookplaat van Pitt Cooking. Werkblad, zijwanden en achterwand zijn van beton, ter plaatse gestort in één stuk.

A rustic kitchen in MDF. Dark part (Ral 7021) with V-groove and light part (Ral 9010) is level. Units in water-proof, glued birch multiplex. A Falcon cooker, combination refrigerator/freezer by Gaggenau, worktop in Terrazzo.
A solid beech chopping block and a solid walnut crosscut worktop.

Une cuisine rurale en MDF avec partie foncée (Ral 7021) et rainure en V, la partie claire (Ral 9010) étant plane. Armoires intérieures en contreplaqué de bouleau encollé et étanche. Cuisinière Falcon, combiné réfrigérateur/congélateur Gaggenau, plan de travail en Terrazzo. Billot en hêtre massif et plan de travail en hêtre de bout massif.

Een landelijke keuken in MDF met donker gedeelte (Ral 7021) met V-groef, en het lichte gedeelte (Ral 9010) is vlak. Binnenkasten van watervast verlijmd berken multiplex. Een Falcon fornuis, koel/vries combinatie van Gaggenau, werkblad in Terrazzo.
Een hakblok van massief beuken en een werkblad van massief kops beukenhout.

A classic Paul van de Kooi kitchen in MDF, hand-painted in F&B
Elephant's Breath. Units in water-proof, glued birch multiplex.
Hobs, coffee machine and combination steam oven by Miele.
Worktop in Labrador Brun.

Une cuisine Paul van de Kooi en MDF et peinte à la main
en couleur F&B Elephant's Breath. Armoires intérieures en
contreplaqué de bouleau encollé et étanche.
Plaques de cuisson, machine à café et combiné four à vapeur
Miele.
Plan de travail en Labrador Brun.

Een klassieke Paul van de Kooi keuken van MDF en
handgeschilderd in de kleur F&B Elephant's Breath. Binnenkasten
van watervast verlijmd berken multiplex.
Kookplaten, koffie-apparaat en combi stoomoven van Miele.
Het werkblad is uitgevoerd in Labrador Brun.

Showrooms Dekeyzer Keukenarchitectuur
Dekeyzer West-Vlaanderen
Industrielaan 55
B-8930 MENEN
T +32 (0)56 52 13 40

Diksmuidsesteenweg 370C
B-8800 Roeselare
T +32 (0)51 260 680

Dekeyzer Gent
Kortrijksesteenweg 1
B-9830 Sint-Martens-Latem
T +32 (0)9 241 54 54

Dekeyzer Antwerpen
Gentseweg 396
B-9120 Beveren--Waas
NEW
Open begin 2013

info@dekeyzer.be

www.dekeyzer.be

PASSION AND VISION

The core business of Dekeyzer Kitchen Architecture is creating contemporary kitchen designs where attention is paid to cooking, spending time together, and enjoying a delicious meal.
Dekeyzer's living kitchens are custom-made in line with the wishes and desires of the customer and compliant with their needs and timing.
What makes Dekeyzer so unique in the branch is the fact that the design, planning and production all occur at the parent company in Menen (West Flanders). Their atelier is a true discovery: high-tech computer-operated machines combined with craftsmanship ensure authentic customisation in the purest sense of the word.
Dekeyzer Kitchen Architecture likes to have complete control of everything. They deliver directly because this enables them to guarantee quality, efficiency and punctuality.

PASSION ET VISION

L'activité principale de Dekeyzer Architecture de Cuisines consiste à créer des cuisines contemporaines qui font la part belle à l'art culinaire, à la convivialité, au plaisir de savourer ensemble un délicieux repas.
Les cuisines-espaces de vie de Dekeyzer sont réalisées sur mesure, en fonction des souhaits du client, de son budget et de ses échéances.
Dekeyzer n'a pas son pareil dans sa branche : la conception, le planning, la production, tout est fait dans la société-mère de Menen, en Flandre Occidentale. L'atelier vaut à lui seul le détour: les machines de haute technologie entièrement informatisées complètent le savoir-faire des artisans pour produire un authentique travail sur mesure, au sens le plus noble du terme.
Dekeyzer Architecture de Cuisines contrôle donc la fabrication de A à Z. L'entreprise assure même la livraison afin de garantir la qualité, l'efficacité et le respect des délais.

PASSIE EN VISIE

De *core business* van Dekeyzer Keukenarchitectuur is het creëren van hedendaagse keukeninrichtingen, waar aandacht besteed wordt aan heerlijk koken, gezellig samenzijn en genieten van een heerlijke maaltijd.
De leefkeukens van Dekeyzer worden echt op maat gemaakt: naar de wensen en verlangens van de klant, van hun mogelijkheden en timing.
Wat Dekeyzer zo uniek maakt binnen zijn branche is het feit dat het ontwerp, planning en productie volledig gebeurt in het moederbedrijf te Menen (West-Vlaanderen). Het is een ware ontdekking in hun atelier: hoogtechnologische computergestuurde machines in combinatie met ambachtelijke "metiers" zorgen voor authentiek maatwerk, in zijn meest pure betekenis.
Dekeyzer Keukenarchitectuur heeft alles graag zelf in handen en ze leveren dan ook rechtstreeks omdat op deze manier de kwaliteit, efficiëntie en stiptheid volledig gegarandeerd kunnen worden.

This "Montréal" kitchen by Dekeyzer Kitchen Architecture was realised in architecturally selected oak, blackened with ink, and a worktop in pure white composite stone.

Cette cuisine "Montréal" de Dekeyzer Architecture de Cuisines a été réalisée dans une sélection architecturale de chêne teinté noir, complétée d'un plan de travail en pierre composite pure white.

Deze "Montréal" keuken van Dekeyzer Keukenarchitectuur werd gerealiseerd in architecturale selectie eiken, inkt gezwart, met een werkoppervlak in pure white composietsteen.

A "Garda" kitchen.
The kitchen and living room wall are pure white and contrast nicely with the glossy, intense black wall. Worktop in pure white composite stone.

Cuisine "Garda".
La cuisine et la cloison de l'espace de vie, entièrement pure white, contrastent avec la cloison en vernis brillant d'un noir intense. Le plan de travail est confectionné en pierre composite pure white.

Een "Garda"-keuken.
De keuken en leefruimtewand zijn volledig in pure white uitgevoerd in contrast met de wand in intens zwarte hoogglanslak. Werkoppervlak in composietsteen pure white.

A "Kensington" kitchen by Dekeyzer Kitchen Architecture realised in solid oak painted soft white.
Worktops in bluestone from Hainaut.

Cuisine "Kensington" de Dekeyzer Architecture de Cuisines, entièrement en bois massif, vernis soft white.
Plans de travail en pierre bleue du Hainaut.

Een "Kensington"-keuken van Dekeyzer Keukenarchitectuur, gerealiseerd in vol massieve eiken, soft white gelakt.
Werkbladen in Henegouwse blauwe hardsteen.

iXtra interieur architectuur - Filip Vanryckeghem
Ieperstraat 18
B-8930 Menen
Lid van de officiële beroepsorganisatie AINB
T +32 (0)56 53 04 57
info@ixtra.be

www.ixtra.be

Showrooms Dekeyzer Keukenarchitectuur

Dekeyzer West-Vlaanderen
Industrielaan 55
B-8930 MENEN
T +32 (0)56 52 13 40
Diksmuidsesteenweg 370C
B-8800 Roeselare
T +32 (0)51 260 680

Dekeyzer Gent
Kortrijksesteenweg 1
B-9830 Sint-Martens-Latem
T +32 (0)9 241 54 54

Dekeyzer Antwerpen
Gentseweg 396
B-9120 Beveren-Waas
NEW
Open begin 2013

info@dekeyzer.be

www.dekeyzer.be

PERFECT SYNERGY

The project on pages 118-121 is the result of perfect synergy between iXtra interior architecture and Dekeyzer Kitchen Architecture: iXtra provided the design, concept, coordination and supervision of the subcontractors. Dekeyzer Kitchen Architecture provided the furnishings, the structural elements and the custom-made furniture. The philosophy of iXtra is to create a pleasant biotope that reflects the customer's zest for life: advice through dialogue, interaction and engagement, in accordance with the personal desires and expectations of the customer. Innovative in the use of materials, colour, design and techniques.

Dekeyzer Kitchen Architecture was established in 1966. The entire team now consists of 130 people. From the beginning it chose to manufacture top quality and provide innovative design. What makes Dekeyzer so unique is the fact that the design, planning and production all occur at the parent company in Menen (West Flanders). Their atelier is a true discovery: high-tech computer-operated machines combined with craftsmanship ensure authentic customisation in the purest sense of the word.

SYNERGIE PARFAITE

Le projet p. 118-121 est le fruit de la parfaite synergie entre iXtra interieur architectuur et Dekeyzer Architecture de Cuisines : iXtra signe la création, la conception, la coordination et l'encadrement des sous-traitants. Dekeyzer Architecture de Cuisines est responsable de l'aménagement complet ainsi que du mobilier structurel sur mesure. La philosophie de iXtra consiste à créer un biotope accueillant où les occupants peuvent vivre des moments exceptionnels. iXtra conseille, dialogue, interagit avec le client, s'engage à tenir compte de ses souhaits personnels et de ses attentes. Il innove dans l'utilisation des matériaux et des couleurs, du design et des techniques.

Fondé en 1966, Dekeyzer Architecture de Cuisines emploie aujourd'hui 130 personnes. L'entreprise a dès le départ opté pour une fabrication de qualité irréprochable et un design novateur. Dekeyzer a ceci d'unique que tout, de la conception au planning en passant par la production, absolument tout est fait dans la société-mère à Menen (Flandre Occidentale). Les ateliers valent à eux seuls le détour: avec l'aide de machines de haute technologie entièrement informatisées, des artisans expérimentés effectuent un travail véritablement sur mesure, dans le sens noble du terme.

PERFECTE SYNERGIE

Het project op p. 118-121 is het resultaat van de perfecte synergie tussen iXtra interieur architectuur en Dekeyzer Keukenarchitectuur: iXtra zorgde voor het ontwerp, concept, coördinatie en de begeleiding van de onderaannemers; Dekeyzer Keukenarchitectuur verzorgde de totaalinrichting en het structureel en maatwerk meubilair. De woonfilosofie van iXtra bestaat erin om een aangename biotoop te creëren die de levensvreugde van de klant weerspiegelt: advies via dialoog, interactie en engagement, volgens de persoonlijke wensen en verwachtingen van de opdrachtgever. Innoverend bij het gebruik van materialen en kleur, vormgeving en technieken.

Dekeyzer Keukenarchitectuur werd opgericht in 1966. Het totale team bestaat nu uit 130 personen. Van bij de start kiest men resoluut voor het fabriceren van topkwaliteit en vernieuwend design. Wat Dekeyzer zo uniek maakt is het feit dat het ontwerp, de planning en productie volledig gebeuren in het moederbedrijf te Menen (West-Vlaanderen). Het is een ware ontdekking in de ateliers : hoogtechnologische computergestuurde machines in combinatie met ambachtelijke "metiers" zorgen voor authentiek maatwerk, in zijn meest pure betekenis.

Filip Vanryckeghem (iXtra) was asked to transform a dated 1970s apartment into a contemporary living environment for a retired couple.
The aim was spacious unity and this was achieved by applying uniform furnishings in every zone. The integrated, half-open kitchen is connected to the adjacent table zone but privacy is retained. The closed part of the kitchen is situated in a lower zone so that the appliances cannot be seen from the living area. The storeroom and store cupboard are accessible via a sliding wall. Washing and cooking were united in one long wall unit. The sliding door behind it reveals extra storage. The extra enclosure / worktop with an open niche is a nice place to eat breakfast or work.

Filip Vanryckeghem (iXtra) s'est vu confier la transformation d'un appartement vieillot des années 70 en un espace de vie contemporain pour un couple de retraités.
L'idée était de créer un maximum d'unité en uniformisant la décoration dans toutes les zones d'habitation. La cuisine semi-ouverte intégrée est reliée à la zone salle à manger attenante mais conserve malgré tout une certaine privacy. La partie fermée de la cuisine se situe en contrebas de manière à ce que les appareils ne soient pas visibles de la partie salon. Une cloison coulissante facilite l'accès à l'espace de rangement et à la réserve. Les activités de cuisson et de nettoyage sont regroupées en une zone unique. L'armoire à façade coulissante offre de nombreuses possibilités de rangement, avec en face un plan de travail/dégagement supplémentaire doté d'une ouverture où il est possible de déjeuner ou de travailler.

Filip Vanryckeghem (iXtra) kreeg de opdracht om een gedateerd appartement uit de jaren 1970 te transformeren tot een hedendaagse leefomgeving voor een gepensioneerd paar.
Er werd naar een zo ruim mogelijke eenheid gestreefd door het toepassen van een uniforme aankleding voor alle woonzones. De geïntegreerde halfopen leefkeuken is verbonden met de aangrenzende tafelzone; toch blijft de privacy behouden. Het gesloten deel van de keuken situeert zich in een dieperliggende zone, zodat deze toestellen vanuit de leefruimte aan het zicht onttrokken worden. Via een schuifwand is de achterliggende berging en voorraadruimte vlot bereikbaar. Spoelen en koken werden in één lang wandgedeelte verenigd naast elkaar. De achterliggende schuifdeurkast zorgt voor extra berging, met daartegenover een extra afzet- of werkvlak met een open nis waar men kan ontbijten of werken.

The table zone provides a suitable transition between the calm sitting area and the active kitchen zone.
The leather sofa also accommodates a heating element. Butterfly chairs by Arne Jacobsen. The position of the table provides an extra view of the entry hall and corridor.
The kitchen by Dekeyzer Kitchen Architecture was varnished, with flush handles in dark laminate, kitchen worktops in brushed stainless steel and a dining table in oak veneer (Dimec). Lighting above the table: Occhio. All other lighting by Flos (Wan type).

La table assure la transition entre la tranquillité du coin salon et l'animation de la zone cuisine.
Le banc en cuir abrite un élément de chauffe. Chaises papillon d'Arne Jacobsen. La position de la table est telle qu'on jouit d'une belle perspective sur le hall d'entrée et de nuit.
Cuisine vernie Dekeyzer Architecture de Cuisines, poignées en laminé foncé, tablettes de cuisine en inox brossé et table à manger plaqué chêne (Dimec). Éclairage au-dessus de la table: Occhio. Les autres éclairages : Flos (type Wan).

De tafelruimte zorgt voor de passende overgang tussen de rustige zithoek en de actieve keukenzone.
De lederen zitbank dient ook als behuizing voor een verwarmingselement. Vlinderstoelen van Arne Jacobsen. De positie van de tafel zorgt ervoor dat er een extra perspectief ontstaat naar de inkom- en nachthal.
Deze keuken van Dekeyzer Keukenarchitectuur werd gelakt, met dieperliggende greepvoegen in een donker laminaat, keukentabletten in geborstelde inox en een eettafel in eikfineer (Dimec). Verlichting boven de tafel: Occhio. De andere verlichting is van Flos (type Wan).

Thierry Goffin
Fahrenheit Home Chef
T +32 (0)475 23 57 98
fahrenheit@fahrenheit.be

www.fahrenheithomechef.com

CULINARY ERGONOMICS FOR EPICUREANS

Thierry Goffin has been the driving force behind Fahrenheit Home Chef for more than 20 years.
An engineer by training, designer by profession and chef by choice: Thierry Goffin knows how
to bring culinary ergonomics to epicureans. A search for the best appliances, the sophisticated
ergonomics of the plan and aesthetic excellence are inextricably linked to the kitchen concept.
That concept must be user-friendly, convivial for the chef in the middle of the admiring guests,
and perfectly equipped to be able to compete with the best restaurants and to receive approving
"wows" from the guests.
Thierry Goffin is a forerunner of the living kitchen; his ambition is to install the kitchen in the lounge.
The lines are perfectly integrated in the housing concept, whether it is classical or contemporary.
Rare types of wood are processed by Rigobert and the magnificent natural stones (marbles,
porphyry, etc.) by Charles Kreglinger because the most beautiful concept means nothing without
the sublime work of craftsmen with extraordinary talents.
Now it is time to sit in the lounge, at the central island, because "Madame est servie"...

ERGONOMIE CULINAIRE POUR FINS GOURMETS

Thierry Goffin a fondé Fahrenheit Home Chef il y a plus de vingt ans.
Ingénieur de formation, designer de profession et cuisinier passionné, Thierry Goffin n'a pas son
pareil pour mettre l'ergonomie culinaire au service des fins gourmets. Son attention pour les meilleurs
équipements, l'ergonomie savamment étudiée du plan de travail et l'excellence sont indissociables
du concept de cuisine qui doit associer fonctionnalité et convivialité pour le chef qui exerce son art
parmi les convives admiratifs, sans oublier un équipement de premier choix pour pouvoir rivaliser
avec les meilleurs restaurants et impressionner ses hôtes.
Thierry Goffin, véritable précurseur de la cuisine-espace de vie, ambitionne placer la cuisine au
milieu du salon. Les lignes s'intègrent parfaitement au style de l'habitation, qu'il soit classique ou
contemporain. Les essences nobles de bois sont travaillées de façon magistrale par l'ébéniste
Rigobert, les magnifiques pierres naturelles (marbre, porphyre, ...) par Charles Kreglinger ... Car
aussi fantastique soit-il, un concept n'est rien sans le formidable savoir-faire de l'artisan spécialisé.
Il est grand temps de s'installer au salon, près de l'îlot central de la cuisine car "Madame est servie"...

CULINAIRE ERGONOMIE VOOR FIJNPROEVERS

Al meer dan 20 jaar is Thierry Goffin de bezieler van Fahrenheit Home Chef.
Van opleiding ingenieur, designer als beroep en keukenchef door passie: Thierry Goffin weet als geen
ander culinaire ergonomie te brengen voor fijnproevers. De zoektocht naar de beste toestellen, de
uitgekiende ergonomie van het plan en de esthetische excellentie zijn onlosmakelijk verbonden met
het keukenconcept op zich, dat gebruiksvriendelijk moet zijn, conviviaal voor de chef temidden van
zijn bewonderende gasten, en perfect uitgerust om te kunnen wedijveren met de beste restaurants
en om goedkeurende "wows" van de genodigden te ontvangen.
Thierry Goffin is een voorloper van de ware leefkeuken; zijn ambitie is het om de keuken in het salon te
plaatsen. De lijnen zijn perfect geïntegreerd in het wooncontext, of dit nu klassiek of hedendaags is.
De edele houtsoorten worden met brio verwerkt door ebenist Rigobert, de magnifieke natuurstenen
(marmers, porfier,...) door Charles Kreglinger... want het mooiste concept betekent niets zonder het
sublieme werk van ambachtslui buiten categorie.
Nu is het tijd om in het salon te zitten, aan het centrale keukeneiland, want: "Madame est servie"...

This kitchen, designed by Thierry Goffin, is integrated in the lounge of a
town house in Brussels. The neoclassic concept was inspired by Tuscan
order, full of respect for the spirit of the original architect.
The blown glass of the display cases and the extractor hood bring
authenticity and charm; they gently distort the view of the objects. The
marbles, with grey and beige tints, come from Tuscany.

Cette cuisine sortie tout droit de l'imagination de Thierry Goffin s'intègre
au salon d'une maison de maître bruxelloise. Le concept néoclassique
d'inspiration toscane respecte l'esprit de l'architecte.
Le verre soufflé des vitrines et la hotte apportent une touche
d'authenticité et de charme. Ils offrent aussi une vision légèrement
déformée de la réalité. Le marbre gris-beige est originaire de Toscane.

Deze keuken, ontworpen door Thierry Goffin, is geïntegreerd in het
salon van een Brusselse herenwoning. Het neoklassieke concept is
geïnspireerd door de Toscaanse orde, vol respect voor de geest van de
toenmalige architect.
Het geblazen glas van de vitrines en de dampkap brengen authenticiteit
en charme; ze deformeren op zachte wijze het zicht van de voorwerpen.
De marmers, met grijze en beige tinten, komen uit Toscane.

The cooker, linked to the chopping block made in Alto Adige (South Tirol), was built by the Viking Range Corporation. The company's professional know-how, adapted to the needs of private individuals, allows the lucky owner to compete with star chefs on an equal footing.
The metal accessories (doorknobs, electric power points, towel rails, etc.) come from a Brussels silversmith. They were realised in silver-plated brass and they reflect the abundant use of silver in the best kitchens of the previous centuries.

La cuisinière, rattachée à un billot fabriqué à Alto Adige (Sud-Tyrol), a été construite par Viking Range Corporation. Le savoir-faire professionnel de l'entreprise, adapté aux souhaits spécifiques du client, permet à l'heureux propriétaire de rivaliser à armes égales avec les plus grands chefs étoilés.
Les accessoires métalliques (boutons de porte, prises électriques, porte-essuie, ...) ont été réalisés par un orfèvre bruxellois. Fabriqués en laiton argenté, ils rappellent l'utilisation quasi généralisée de l'argenterie dans les grandes cuisines d'antan.

Het fornuis, verbonden met het hakblok vervaardigd in Alto Adige (Zuid-Tirol), werd door Viking Range Corporation gebouwd. De professionele know-how van het bedrijf, aangepast aan de particuliere noden, laat de gelukkige eigenaar met gelijke wapens strijden met de grote sterrenchefs.
De toebehoren in metaal (deurknokken, elektrische stopcontacten, handdoekhouders, ...) komen van een Brusselse edelsmid. Ze werden gerealiseerd in verzilverde messing en ze herinneren aan het overvloedige gebruik van zilverwerk in de beste keukens uit de voorbije eeuwen.

The same concept but in a diametrically opposed style. This project by Thierry Goffin (Fahrenheit Home Chef) harmoniously combines two materials in a contemporary style: stainless steel and white enamel paint. This kitchen is equipped with a goods lift that serves the garden roof of this Brussels mansion. The kitchen is not situated in the lounge, as it was in the previous project, but in the extension of the large art gallery of the hedonistic owner-collector. The worktops were realised in stainless steel. The sinks were installed without visible joints. The customised extractor hood is integrated in the false ceiling and allows the extraction of the entire space, including the blue clouds of smoke that originate from the Havana cigars that the owner loves to smoke.

Un même concept mais dans un style diamétralement opposé. Ce projet de Thierry Goffin (Fahrenheit Home Chef) marie de façon très harmonieuse deux matériaux contemporains: l'inox et le vernis blanc. Cette cuisine est en outre équipée d'un monte-charge qui dessert le jardin suspendu de cette maison de maître bruxelloise. La cuisine ne se trouve pas dans le salon comme dans le projet précédent mais dans le prolongement de la grande galerie d'art du collectionneur épicurien et propriétaire des lieux. Les plans de travail sont réalisés en acier inoxydable. Les éviers sont montés dans la masse, sans joints apparents. La hotte sur mesure s'intègre au faux plafond et assure l'aspiration de toute la zone, y compris des volutes bleues des havanes dont le propriétaire est particulièrement friand.

Eenzelfde concept, maar in een diametraal tegengestelde stijl. Dit projet van Thierry Goffin (Fahrenheit Home Chef) combineert op harmonische wijze twee materialen in een hedendaagse stijl: inox en witte lakverf. Deze keuken is bovendien uitgerust met een goederenlift die toelaat om de daktuin van deze Brussele meesterwoning te bedienen. Hier is de keuken niet gesitueerd in het salon zoals in het vorige project, maar in het verlengstuk van de grote kunstgallerij van de hedonistische eigenaar-verzamelaar. De werkbladen werden gerealiseerd in roestvrij staal. De wasbakken werden in de massa gemonteerd, zonder zichtbare voegen. De maatdampkap is geïntegreerd in het valse plafond en laat toe de afzuiging van de hele ruimte te verzorgen, met inbegrip van de blauwe rookwolken van de havanna-sigaren waarvan de bewoner een grote liefhebber is.

De Menagerie
Leo de Béthunelaan 45 b 01
B-9300 Aalst
T +32 (0)53 78 69 39
F +32 (0)53 70 79 96
info@demenagerie.be

www.demenagerie.be

TRADITIONAL CRAFTSMANSHIP COUPLED WITH PRACTICAL CONTEMPORARY DESIGN

De Menagerie, which was set up in 1997, specialises in the design and creation of exclusive high-quality kitchens.

Over the years, this company from the town of Aalst has forged an enviable reputation for quality and for excellence in traditional workmanship down to the most minute details.

For the company's founder and its driving force, Luc Lormans, and his team of creative and passionate professionals, every order they receive is a new and exciting challenge.

When it comes to design, De Menagerie's priorities are: the use of the very best materials (preferably warm, natural materials), sobriety of form and a sense of proportion. Each design is a unique project. The company constantly strives to achieve optimum integration of the kitchen within the overall architectural concept, to create a sense of harmony with the adjacent volumes and to enhance the view from the outside.

Contemporary kitchen design has become a complex process. Many different factors determine the end result, and the aesthetic appeal of a kitchen and the luxury it offers have become just as important as the convenience offered by the living space.

The kitchen reflects the personality of the owner. De Menagerie is very much aware of this and therefore gives special attention to the need to monitor and organise each project.

SAVOIR-FAIRE ARTISANAL, CONFORT DE VIE MODERNE

De Menagerie, créée en 1997, est spécialisée dans la conception et la réalisation de cuisines exclusives et de qualité supérieure.

Au fil des années, De Menagerie est devenue une valeur sûre et l'entreprise d'Alost est devenue synonyme de savoir-faire artisanal de qualité jusque dans les moindres détails.

Pour Luc Lormans, tête pensante et fondateur, et son équipe de collaborateurs créatifs et de professionnels passionnés, chaque mission constitue un nouveau défi.

L'utilisation de matériaux élégants, chaleureux et surtout, naturels, la sobriété du langage des formes et la recherche des bonnes proportions revêtent une importance capitale. Elles font de chaque concept un projet unique.

L'objectif systématique est d'intégrer au maximum l'espace cuisine dans l'ensemble de l'architecture, les pièces voisines et la vue sur l'extérieur.

De nos jours, l'aménagement de cuisines est devenu complexe. De nombreux facteurs déterminent le résultat final et l'esthétique est aussi importante et luxueuse que les pièces de vie.

La cuisine reflète la personnalité des habitants. De Menagerie accorde dès lors une attention toute particulière au suivi et à l'organisation de chaque projet.

AMBACHTELIJK VAKMANSCHAP, HEDENDAAGS LEEFCOMFORT

De Menagerie, opgericht in 1997, is gespecialiseerd in het ontwerp en de realisatie van exclusieve en hoogkwalitatieve keukeninrichtingen.

Door de jaren heen is De Menagerie uitgegroeid tot een vaste waarde en werd het bedrijf uit Aalst synoniem voor hoogwaardig artisanaal vakmanschap tot in het kleinste detail.

Voor bezieler en oprichter Luc Lormans en zijn team van creatieve medewerkers en gepassioneerde vaklui vormt elke opdracht een nieuwe uitdaging.

Het gebruik van mooie, warme en vooral natuurlijke materialen, de sobere vormentaal en het zoeken naar de juiste proporties zijn van primordiaal belang. Ze maken van elk ontwerp een uniek project.

Steeds opnieuw wordt gestreefd naar een maximale integratie van de keukenruimte in het geheel van de architectuur, de aangrenzende ruimten en het zicht naar buiten.

De hedendaagse keukeninrichting is complex geworden. Vele factoren bepalen het eindresultaat en het esthetische wordt even belangrijk en luxueus als de leefruimte.

De keuken weerspiegelt de persoonlijkheid van de bewoners, en De Menagerie schenkt dan ook bijzondere aandacht aan de opvolging en de organisatie van elk project.

This cosy kitchen was realised by De Menagerie in collaboration with architectural firm Moors-Mestdagh of Lummen. It opted for low furniture, with solid oak frame doors, painted white by hand. This contrasts nicely with the slightly aged oak of the upper units. The kitchen is built around the centrally installed Aga cooker, completely in white enamel, with a simple extractor hood above it that has a bottom plate in stainless steel. The hood is supported by two solid oak consoles. The backsplash is covered with white tiles from Holland. The wine cabinet and freezer with ice-maker, both by Gaggenau, are built into the wooden wall. The steam oven and microwave are hidden behind high revolving-sliding doors on the left side of the cooker.
The style of the kitchen was continued in the utility room and storeroom.

Cette cuisine accueillante a été réalisée par De Menagerie en collaboration avec le bureau d'architectes Moors-Mestdagh de Lummen. Les meubles bas aux portes en chêne massif peint en blanc contrastent avec le chêne légèrement vieilli des armoires hautes. La cuisine s'organise autour de la cuisinière centrale Aga en émail blanc, surmontée d'un simple volume hotte doté d'un fond en inox et soutenu par deux consoles en chêne massif. Le mur arrière est tapissé de petits carrelages blancs hollandais. L'armoire à vin climatisée et le congélateur avec distributeur de glaçons, de marque Gaggenau, s'encastrent parfaitement dans le mur en bois. Le vapocuiseur et le four à micro-ondes sont cachés derrière les grandes portes pivotantes-coulissantes à gauche de l'Aga.
Le style de la cuisine se prolonge dans l'annexe et la réserve à l'arrière.

Deze gezellige keuken werd gerealiseerd door De Menagerie in samenwerking met architectenbureau Moors-Mestdagh uit Lummen. Er werd geopteerd om het laag meubilair, met massief eiken kaderdeuren, handmatig wit te schilderen en te laten contrasteren met de licht vergrijsde eik van de hoge kasten. De keuken is opgebouwd rondom de centraal geplaatste Aga, volledig in wit email met daarboven een eenvoudig dampkapvolume voorzien van een bodemplaat in inox en ondersteund door twee massief eiken consoles en de achterwand bekleed met Hollandse witjes. De wijnkoeler en de diepvriezer met ijsmaker, beide van Gaggenau, zijn perfect ingewerkt in de houten wand. De stoomoven en microgolfoven zijn verborgen achter hoge draai-inschuifdeuren links van de Aga.
De stijl van de keuken werd doorgetrokken in de bijkeuken en de achterliggende berging.

The worktop in honed solid bluestone of 5 cm thick has a slightly rounded edge and follows the contours of the furniture near the island.

Le plan de travail en pierre bleue massive adoucie de 5cm d'épaisseur présente un chant légèrement arrondi et suit les contours du mobilier à hauteur de l'îlot.

Het werkblad in verzoete massieve blauwe hardsteen van 5cm dikte heeft een licht afgeronde randafwerking en volgt ter hoogte van het eiland de contouren van het meubilair.

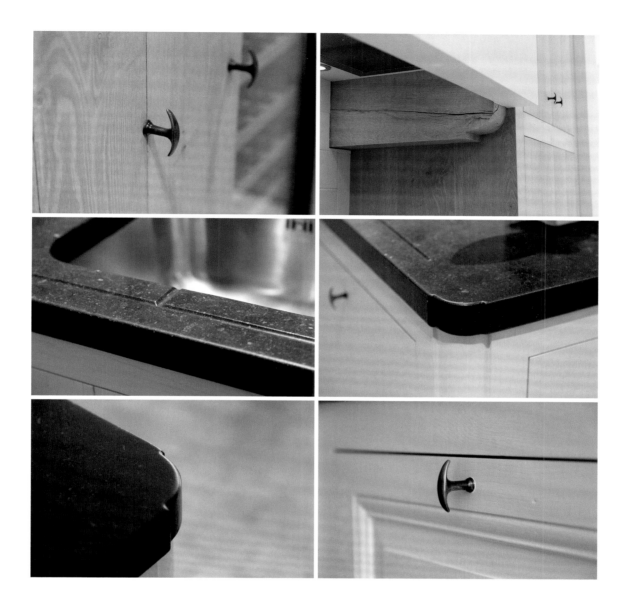

The sense of detail, perfection and far-reaching finish is also apparent in the fittings. Pivots and hammer-shaped knobs are made in dark bronze.

On retrouve le même souci du détail, la perfection et la finition irréprochable dans les garnitures métalliques. Pivots et poignées en forme de marteau sont réalisés en bronze foncé.

De zin voor details, perfectie en vergaande afwerking is ook te vinden in het beslag. Pivots en hamervormige grepen zijn uitgevoerd in donker brons.

The clients wanted this spacious kitchen to be simple and well-organised (with lots of storage) and to radiate a sober rustic atmosphere. The sink is located in the monumental island. It looks out over the garden and has a worktop in honed solid bluestone of 5 cm thick. It is more than 3.6 metres long and in one piece. The edging was striped by hand. Taps by Perrin & Rowe. The extractor hood with cornice in solid oak (one piece) sets the atmosphere of the cooking zone, which has a wide Lacanche cooker in the centre. The backsplash is covered with black 'zelliges'. Left of the cooker is a small sink with telescopic tap by Dornbracht that can be used to fill pots. A decorative yet practical, custom-made rail extends the entire width of the cooking zone and draws everything together.

Les clients voulaient une cuisine spacieuse, sobre et bien ordonnée (avec de nombreux rangements), dégageant une certaine rusticité. La partie évier est centralisée dans un îlot monumental. Entièrement tourné vers le jardin, il est équipé d'un plan de travail en pierre bleue massive adoucie de 5cm d'épaisseur. Ce bloc mesure plus de 3,60 m de long d'un seul tenant. Le chant est ciselé à la main. La robinetterie est signée Perrin & Rowe. La hotte couronnée de bois massif (d'un seul tenant) marque l'ambiance de la zone de cuisson où trône une grande cuisinière Lacanche. Le mur arrière est recouvert de zelliges noirs. À gauche de la cuisine, un petit évier supplémentaire avec robinet mural téléscopique Dornbracht servant à remplir les casseroles. Une barre de rangement à la fois pratique et décorative sur toute la largeur de la zone de cuisson complète la finition.

Deze ruime leefkeuken diende voor de opdrachtgevers eenvoudig en overzichtelijk te zijn (met veel bergruimte) en een sober landelijke sfeer uit te stralen. Het spoelgedeelte is verwerkt in het monumentale eiland. Dit is volledig op de tuin gericht en heeft een werkblad in verzoete massieve blauwe hardsteen van 5cm dikte en is meer dan 3,60 meter lang in 1 stuk. De randafwerking is handgefrijnd. Kraanwerk van Perrin & Rowe. De dampkap met kroonlijst in massief eik (uit één stuk) bepaalt de sfeer van de kookzone, met centraal een breed Lacanche fornuis. De achterwand is bekleed met zwarte zelliges. Links van de Lacanche een extra klein spoelbakje met uitschuifbare wandkraan van Dornbracht die kan worden gebruikt om kookpotten te vullen. Een decoratieve en tegelijk praktische lepelstang op maat over de volledige breedte van de kookzone, maakt het geheel af.

In the high wall unit, hidden behind large doors, is a refrigerator-freezer combination by Miele. Steam oven and microwave are hidden behind a revolving-sliding door. A guillotine door in the centre of the high wall unit hides diverse appliances. The exterior of this kitchen, completely in thick oak veneer, was hand-treated by decorator Joris Pison.

Dans le mur d'armoires hautes se trouve, dissimulé derrière les grandes portes, le combi frigo-congélateur de marque Miele. Le vapocuiseur et le four à micro-ondes sont cachés derrière une porte coulissante-pivotante. Une porte guillotine au milieu du mur d'armoires masque divers appareils soigneusement rangés. Les façades de cette cuisine, entièrement plaquées chêne, ont été traitées artisanalement par l'entreprise de peinture Joris Pison.

In de hoge kastenwand bevinden zich, verborgen achter de grote deuren, koelkast en koel-vries combinatie van Miele. Stoom- en microgolfoven zitten verborgen achter een draai-inschuifdeur. Centraal in de hoge kastenwand een guillotinedeur waarachter diverse toestellen kunnen opgeborgen worden. Het buitenwerk van deze keuken, volledig in dik fineer eik, is handmatig behandeld door schildersbedrijf Joris Pison.

This rather austere kitchen was realised by De Menagerie in collaboration with Dodécors. The combination of teak veneer, light grey worktop, stainless steel and warm colours ensures a luxurious feeling that radiates warmth. The style of the kitchen was extended into the dining area. The custom-made table has an oak frame that is painted almost black. The tabletop is also teak veneer. The worktop in the kitchen was realised in composite Diresco.

Cette cuisine-espace de vie aux lignes plutôt sobres a été réalisée par De Menagerie en collaboration avec le bureau d'architectes d'intérieur Dodécors. Le mariage du placage en teck, du plan de travail gris clair, de l'inox et des tons chauds forme un ensemble luxueux particulièrement chaleureux. Le style de la cuisine trouve un prolongement dans le coin à manger. La table sur mesure comporte une structure en chêne presque noire. La tablette est plaquée teck. Le plan de travail dans la cuisine est en pierre composite Diresco.

Deze eerder strak vormgegeven leefkeuken werd gerealiseerd door De Menagerie in samenwerking met interieurbureau Dodécors. De combinatie van teak fineer, het lichtgrijs werkblad, de inox en warme kleuren zorgen voor een luxueus geheel dat warmte uitstraalt. De stijl van de keuken werd doorgetrokken tot in de eethoek. De tafel in maatwerk heeft een onderstel in eik, bijna zwart gekleurd. Het tafelblad is ook in teakfineer. Het werkblad in de keuken werd gerealiseerd in composietmateriaal Diresco.

The stainless steel cooking table is completely custom-made. It is one large block that includes a deep fryer and gas hob, both by Gaggenau. The other appliances, such as the impressive extractor hood, are also by Gaggenau. All handles were custom-made in stainless steel.

La table de cuisson en inox a été confectionnée entièrement sur mesure pour former un seul bloc sur lequel la friteuse et la plaque de cuisson au gaz de marque Gaggenau ont été posés à fleur de plan. Les autres appareils, dont la hotte imposante, sont signés Gaggenau. Toutes les poignées, également fabriquées sur mesure, sont en inox.

De inox kooktafel is volledig op maat vervaardigd tot één groot blok waarin de friteuse en gaskookplaat, beide van Gaggenau, volledig in vlakbouw zijn geïntegreerd. De overige toestellen, zoals de imposante dampkap, zijn ook van Gaggenau. Alle handgrepen zijn uitgevoerd in inox en zijn eveneens maatwerk.

Bourgondisch Kruis Interieurcreatie
Stijlvol wonen en authentieke bouwmaterialen
Darmstraat 20
B-8531 Harelbeke-Bavikhove
T +32 (0)56 73 16 41
info@bourgondisch-kruis.be

www.bourgondisch-kruis.be

EXCLUSIVE KITCHENS FOR EPICUREANS

The "Bourgondisch Kruis" creates stylish interiors incorporating traditional and contemporary building materials. Their passion and expertise lie in the field of harmoniously combining traditional elements or integrating them with new building materials in an exclusive design that is tailored entirely to the client's dreams: with an atmosphere in which one feels at home with every comfort. The kitchens in this report show the expertise and craftsmanship of the company.

DES CUISINES EXCLUSIVES POUR LES AMOUREUX DE LA VIE

"Het Bourgondisch Kruis" crée des intérieurs élégants, au cœur desquels des matériaux authentiques et intemporels se marient pour susciter l'exclusivité. Leur passion et expertise ? Combiner harmonieusement des éléments traditionnels ou les intégrer avec des matériaux modernes. Pour créer l'intérieur unique tout droit tiré des rêves du client : une atmosphère dans laquelle on se sent chez soi, en tout confort.
Les cuisines de ce reportage illustrent à merveille l'expertise et le savoir-faire artisanal de l'entreprise de Flandre Occidentale.

EXCLUSIEVE KEUKENS VOOR LEVENSGENIETERS

Het Bourgondisch Kruis creëert stijlvolle interieurs waarin authentieke en tijdloze bouwmaterialen verwerkt worden. Hun passie en expertise zijn het harmonisch samenbrengen van traditionele elementen of het integreren ervan met nieuwe bouwmaterialen. En dit in een exclusief design dat volledig is afgestemd op de dromen van de opdrachtgever, in een sfeer waarin men zich thuis voelt, met alle hedendaags wooncomfort. De keukens in deze reportage illustreren op treffende wijze de expertise en het ambachtelijke vakmanschap van het West-Vlaamse bedrijf.

In this kitchen Bourgondisch Kruis opted for a combination of solid oak finished with a patina, bluestone and French limestone. The kitchen doors are a combination of panel doors and planks. The worktops and sink are in bluestone. The floor is covered with a French white stone tile.

Dans cette cuisine, Het Bourgondisch Kruis a choisi de marier le chêne massif patiné avec la pierre bleue et la pierre de France. Les portes d'armoire combinent panneaux et planches. Plans de travail et évier massif en pierre bleue. Comme carrelage, des dalles en pierre de France.

Bourgondisch Kruis opteerde in deze keuken voor een combinatie van massieve eik afgewerkt met een patine, blauwe hardsteen en Franse kalksteen. De keukendeurtjes zijn een combinatie van paneeldeurtjes en beplanking. De werkbladen en massieve afwasbak zijn in blauwe hardsteen. Als bevloering een tegel in Franse witsteen.

This open kitchen was designed by Bourgondisch Kruis.
The floor is covered with antique bluestone tiles.
The unit doors are old oak planks finished with a slightly transparent patina. The insides of the units have contemporary novelties like bottle racks, herb drawers, pull-out larder, etc. Worktop and sink in bluestone.

Cette cuisine ouverte, véritable espace de vie, est l'œuvre de Het Bourgondisch Kruis.
D'antiques dalles de pierre bleue recouvrent le sol.
La façade des armoires présente une finition en chêne vieilli, avec légère patine transparente. L'intérieur des armoires est équipé des gadgets les plus modernes : porte-bouteilles, tiroir à épices, pharmacie,… Le plan de travail et l'évier sont en pierre bleue.

Deze open leefkeuken is een ontwerp van Bourgondisch Kruis.
Hier werden antieke blauwsteentegels gebruikt als bevloering.
De fronten van de kastjes zijn in oude eiken beplanking afgewerkt met een lichte transparante patine. De binnenkasten bevatten alle hedendaagse snufjes zoals flessenrekken, kruidenladen, apotheekkast…Werkblad en afwasbak in blauwe hardsteen.

The flooring is in a second layer of old Burgundian tiles. Worktops in bluestone. The oak panel doors were painted white.

Carrelage et deuxième couche de vieilles dalles de Bourgogne. Plans de travail en pierre bleue. Les panneaux de porte en chêne sont recouverts de peinture blanche.

Hier een bevloering in een tweede laag van de oude Bourgondische dallen. Werkbladen in blauwe hardsteen. De eiken paneeldeurtjes werden wit geverfd.

For this design a Burgundian tile was chosen in Roman bond pattern. The work surfaces and sink in Burgundian stone were finished with moulding. The solid oak panel doors and the oak beam ceiling were painted white.

Ce projet fait la part belle aux dalles de Bourgogne placées en opus romain. Les plans de travail et les éviers massifs en pierre de Bourgogne sont finis par une moulure. Les panneaux en chêne massif et le plafond en poutres de chêne sont peints en blanc.

Voor dit ontwerp werd een Bourgondische tegel gekozen in Romeins verband. De werkvlakken en massieve afwasbakken in Bourgondische steen werden afgewerkt met een moulure. Hier werden de massieve eiken paneeldeurtjes en het eiken balkenplafond wit geverfd.

Louis Culot bvba
Kitchen Worktops / Plans de travail de cuisine / Keukenwerkbladen
Industriezone Puurs 550
Schoonmansveld 7
B-2870 Puurs
T +32 (0)3 860 70 70
F +32 (0)3 860 70 79
info@culot.be

www.culot.be

TREND-SETTING KITCHEN WORKTOPS

Over the years, Louis Culot Kitchen Worktops has become a real niche-player. It specialises in the production of high-quality kitchen worktops in granite, limestone, ceramic and composite stone.
The company has the best equipped high-tech machines on the Belgian market. Fully computer operated machines enable Louis Culot to offer durable kitchen worktops at competitive prices and with reasonable deadlines.
It delivers more than 3000 kitchen worktops to kitchen manufacturers and private individuals every year. Louis Culot is a true specialist in this domain for the Benelux.
Both kitchens in this report have been designed by Laurent Pauwels (Kitchen Center Thonon).

NUMÉRO UN DES PLANS DE CUISINE

L'entreprise Louis Culot Plans de travail de cuisine est devenue au fil des années un acteur incontournable dans le secteur niche de la production de plans de travail de cuisine en granit, pierre calcaire, céramique et pierre composite.
L'entreprise possède le meilleur équipement technologique de pointe du marché belge: grâce à ses machines entièrement informatisées, Louis Culot est en mesure de proposer des plans de travail durables à des prix compétitifs dans des délais raisonnables.
Elle fournit annuellement plus de 3000 plans de travail aux fabricants de cuisine et aux particuliers: Louis Culot est LE spécialiste dans ce domaine pour tout le Benelux.
Les deux cuisines de ce reportage ont été créées par Laurent Pauwels (Kitchen Center Thonon).

TOONAANGEVEND IN KEUKENWERKBLADEN

Keukenwerkbladen Louis Culot is in de loop der jaren een echte niche-speler geworden, die zich toelegt op de productie van hoogwaardige keukenwerkbladen in graniet, kalksteen en composietsteen en keramiek.
Daarvoor beschikt het bedrijf over de best uitgeruste en nieuwste hoogtechnologische machines op de Belgische markt: dankzij de volledig computergestuurde machines kan Louis Culot duurzame keukenwerkbladen aanbieden tegen competitieve prijzen en binnen redelijke termijnen.
Jaarlijks worden meer dan 3000 keukenwerkbladen geleverd aan keukenproducenten en particulieren: Louis Culot is dé specialist op dit domein.
Keukenontwerper van beide realisaties in deze reportage: Laurent Pauwels (Kitchen Center Thonon).

Worktops in Carrara marble, honed finish, 50 mm solid with two sidepieces on the island and a finished interior.

Plans de travail en marbre massif de Carrare, finition adoucie, 50 mm d'épaisseur, avec deux joues accolées à l'îlot, finition intérieure.

Werkbladen in Carrara marmer, verzoete afwerking, 50 mm massief met twee wangen aan het eiland met afgewerkte binnenzijde.

Louis Culot gave the worktops a facet on the edge. There are two top-mount hobs and two under-mount sinks with a honed and milled draining board.

Les plans de travail Louis Culot présentent un chant dans la même finition. Deux plaques de cuisson posées par-dessus et deux éviers incorporés sous plan avec égouttoir décaissé adouci.

De werkbladen werden door Louis Culot voorzien van een facet als randafwerking. Er zijn twee opbouwkookplaten en twee onderbouwspoelbakken met een uitgefreesd verzoet verlek.

Worktops in Silestone Blanco Zeus Leather 20 mm.

Plans de travail en Silestone Blanco Zeus Leather 20 mm.

Werkbladen in Silestone Blanco Zeus Leather 20 mm.

The kitchen worktops were finished by Louis Culot with a plinth in the same material.
The worktops received a facet finish. The hop and the sink were installed top-mount.
The windowsill was also made with Silestone Blanco Zeus Leather.

Les plans de travail Louis Culot sont finis par un dosseret dans le même matériau.
Les plans de travail présentent une finition de chant. Plaque de cuisson et évier posés sur plan.
Même l'appui de fenêtre est en Silestone Blanco Zeus Leather.

De keukenwerkbladen werden door Louis Culot afgewerkt met een opzetplintje in hetzelfde materiaal.
De werkbladen kregen een facetafwerking. De kookplaat en de spoelbak werden in opbouw geplaatst.
Ook het venstertablet werd in Silestone Blanco Zeus Leather gerealiseerd.

Dirk Cousaert
Stationsstraat 160
B-9690 Kluisbergen
T +32 (0)55 38 70 53
F +32 (0)55 38 60 39
info@dirkcousaert.be

www.dirkcousaert.be

SELF-WILLED AND PASSIONATE

Dirk Cousaert and his team create and realise complete interiors, custom-made to the satisfaction of the customer.
One of the Dirk Cousaert's specialities is designing and making rustic style kitchens. He combines old connecting techniques (tongue and groove, mortise and tenon) and innovative techniques (electronic drawers and doors) in realisations with one guiding principal: knowledge of the metier, passion for the perfect finish for furniture that radiates character and personality.

CRÉATIF ET PASSIONNÉ

Dirk Cousaert et son équipe créent et réalisent des intérieurs complets, sur mesure, selon les souhaits du client.
La conception et la fabrication de cuisines rustiques sont une des grandes spécialités de Dirk Cousaert. Il combine les anciens assemblages (rainure et languette, tenon et mortaise) et les techniques innovantes (tiroirs et portes électroniques, ...) dans des réalisations dont le point commun est la connaissance du métier, le souci de la finition parfaite. Résultat : des meubles qui se distinguent par leur originalité et leur force de caractère.

EIGENGEREID EN GEPASSIONEERD

Dirk Cousaert en zijn team creëren en realiseren complete interieurs, volledig op maat en naar wens van de klant.
Eén van de grote specialiteiten van Dirk Cousaert: het ontwerp en de uitvoering van keukens in landelijke stijl. Daarvoor combineert hij oude verbindingstechnieken (tand en groef, pen en gat) en innoverende technieken (electronische laden en deuren, ...) in realisaties met één grote leidraad: de kennis van het métier, de passie voor een perfecte afwerking voor meubelen die karakter en eigenzinnigheid uitstralen.

Dirk Cousaert and his team combine functionality and aesthetics in all their kitchen projects. Aged oak and Belgian bluestone are converted into an attractive rustic interior.

Dirk Cousaert et son équipe marient fonctionnalité et esthétique dans tous leurs projets de cuisine. Ils associent le chêne vieilli et la pierre bleue belge pour créer un intérieur rustique à nul autre pareil.

Dirk Cousaert en zijn team combineren in alle keukenprojecten functionaliteit en esthetiek. Hier worden verouderde eiken en Belgische blauwe hardsteen verwerkt tot een sfeervol landelijk interieur.

Dirk Cousaert dreams out loud, sketches without embarrassment and dares to turn his ideas into something that is well thought-out.

Dirk Cousaert rêve tout haut, crée sans retenue aucune et ose mener ses idées à bien dans un projet mûrement réfléchi.

Dirk Cousaert droomt luidop, schets zonder gêne en durft het om zijn ideeën tot iets doordachts uit te werken.

Suitable customisation and a passion for perfection.

Du travail sur mesure et une passion pour la perfection.

Passend maatwerk en een passie voor perfectie.

In this kitchen Dirk Cousaert combines Belgian bluestone and aged oak with plenty of verve.

Dans cette cuisine également, Dirk Cousaert conjugue de façon magistrale la pierre bleue belge et le chêne vieilli.

Ook in deze keuken combineert Dirk Cousaert met veel brio Belgische blauwe hardsteen en verouderde eiken.

Frank Tack, "L'art de vivre"
Grotstraat 74
B-8780 Oostrozebeke

76, Avenue de Villiers
F-75017 Paris

T +32 (0)51 40 47 18
F +32 (0)51 40 61 40
info@franktack.be

www.franktack.be
www.tack-keukens.be

TIMELESS QUALITY AND DURABILITY

Frank Tack guarantees timeless quality and durability. Everything starts with a strong idea, which is worked out in pure lines and realised with high-quality materials.

Interior architects with their own creative input work in Frank Tack's team. The customer has total freedom with regard to style and choice of materials: everything is possible.

Frank Tack's vision is not limited to designing bespoke furniture. Everything is viewed in its totality and the interior architects give professional advice: colour, materials, lighting, kitchen equipment, sanitary facilities, floors and loose furniture. The colours and materials are always geared to one another.

Clear communication is central from design to production. External contractors are not used. Everything is manufactured in Frank's own workshop, in dialogue with the customer. All furniture is made internally, completely by hand and following traditional techniques. The materials and finish are all of the highest quality. Everything is delivered and installed in the customer's home. Service, efficiency and perfect planning are important assets.

Every interior, each Frank Tack kitchen is a unique lifestyle: "L'art de vivre" is the motto of this ambitious company with branches in West Flanders and Paris.

DURABILITÉ ET QUALITÉ INTEMPORELLES

Frank Tack garantit une durabilité et une qualité intemporelles. Tout commence par une idée forte, matérialisée dans des lignes épurées et réalisée avec des matériaux de qualité.

Dans l'équipe dynamique de Frank Tack, les architectes d'intérieur ont chacun leur vision créative des choses. Le client a carte blanche en ce qui concerne le style et le choix des matériaux: tout est possible.

Frank Tack ne se contente pas de concevoir un intérieur sur mesure. Tout est pensé dans sa globalité et les architectes d'intérieur apportent leur point de vue professionnel: coloris, matériaux, éclairage, équipement de cuisine, appareils sanitaires, sols et même certaines pièces de mobilier. Les couleurs et les matériaux sont toujours parfaitement coordonnés.

Une communication claire et précise est fondamentale, de la conception à la production, sans les entrepreneurs externes. Tout est réalisé dans les ateliers de l'entreprise, en concertation avec le client. Tout le mobilier est également fabriqué manuellement en interne, selon les techniques artisanales ancestrales. Conformément aux normes de qualité les plus strictes en ce qui concerne les matériaux, la finition, la livraison et le placement chez le client. Service, efficacité, planning parfait, tels sont les principaux atouts.

Chaque intérieur, chaque cuisine de Frank Tack est le reflet d'un mode de vie particulier. Ce n'est pas un hasard si cette entreprise ambitieuse installée en Flandre Occidentale et à Paris a pour devise "L'art de vivre".

TIJDLOZE KWALITEIT EN DUURZAAMHEID

Frank Tack staat garant voor tijdloze kwaliteit en duurzaamheid. Alles begint met een sterk idee, dat uitgewerkt wordt in zuivere lijnen en gerealiseerd met kwalitatieve materialen.

In het dynamische team van Frank Tack werken interieurarchitecten met elk hun eigen creatieve input. De klant heeft totale vrijheid voor wat de stijl en de materialenkeuze betreft: alles is mogelijk.

De visie van Frank Tack beperkt zich niet alleen tot het ontwerpen van maatwerk. Alles wordt in zijn totaliteit gezien, en de interieurarchitecten geven professioneel advies: kleur, materialen, verlichting, keukenapparatuur, sanitaire toestellen, vloeren en zelfs los meubilair. De kleuren en materialen worden altijd perfect op elkaar afgestemd.

Duidelijke communicatie staat centraal van ontwerp tot productie, zonder externe aannemers. Alles wordt in de eigen ateliers uitgevoerd, in dialoog met de klant. Ook alle meubelwerk wordt intern vervaardigd, volledig handmatig en volgens de oude ambachtelijke technieken. Dit alles wordt met de hoogste kwaliteitsnormen qua materiaal en afwerking bij de klant thuis geleverd en geplaatst. Service, efficiëntie en perfecte planning zijn belangrijke troeven.

Elk interieur, elke keuken van Frank Tack is een aparte levensstijl: "L'art de vivre" is dan ook niet toevallig de lijfspreuk van dit ambitieuze bedrijf met vestigingen in West-Vlaanderen en Parijs...

In this austere rustic kitchen the Frank Tack team combined cement
paint on oak with a lovely French oak patina. Worktop in aged Belgian
bluestone (50 mm thick). Doors in wrought-iron on the sideboard – this
wrought-iron reappears in the knobs on the wall unit that joins together
the appliances and integrated door to the storeroom.
The radiators are integrated on the left and right of the island.

Dans cette cuisine rustique aux lignes sobres, l'équipe de Frank Tack
conjugue chêne cérusé et chêne français de belle patine naturelle.
Le plan de travail est réalisé dans de la pierre bleue belge vieillie (50
mm d'épaisseur). Les portes du buffet sont en fer forgé. Le fer forgé
réapparaît dans les poignées sur le mur d'armoires où sont intégrés les
appareils et la porte de l'espace de rangement.
Les radiateurs sont encastrés dans l'îlot salon à gauche et à droite.

In deze strak landelijke keuken combineerde het team van Frank Tack
structuurverf op eik met Franse natuureik met zijn eigen mooie patine.
Werkblad in verouderde Belgische blauwe hardsteen (50 mm dik).
Deuren in smeedijzer aan de buffetkast - dit smeedijzer komt terug in de
trekkers aan de kastenwand die de toestellen en deur naar de berging
integreert.
De radiatoren zijn links en rechts in het ziteiland ingewerkt.

These austere, handle-free kitchen units in Spanish oak are combined with units in lacquered MDF. There is lots of storage room for wine bottles, equipped with indirect lighting, in this design. There is a bench in the bay window that serves to have breakfast. Stainless steel cooker by Viking. The exclusive worktop (70 mm thick) is made in Emperador Dark Brown with a brushed finish. Natural stone undermount sinks.

Dans cette cuisine très sobre, les armoires en chêne pédonculé, dépourvues de poignée, sont combinées à des armoires en MDF verni. Ce projet prévoit un important espace de rangement pour les bouteilles de vin, avec éclairage indirect. Un banc a été aménagé dans une niche; celui-ci sert d'espace pour le petit déjeuner. La cuisinière en inox est de marque Viking. Plan de travail exclusif (70 mm d'épaisseur) en marbre Emperador Dark Brown, finition brossée. Éviers en pierre naturelle incorporés sous plan.

In deze strakke keuken werden greeploze kasten in moeraseik gecombineerd met kasten in gelakte MDF. In dit ontwerp is veel opslagruimte voor wijnflessen, voorzien van indirecte verlichting. In de erker is een zitbank voorzien die dient als ontbijtruimte. Een inox fornuis van Viking. Het exclusieve werkblad (70 mm dik) is uitgevoerd in Emperador Dark Brown met een geborstelde afwerking. Natuurstenen spoelbakken in onderbouw.

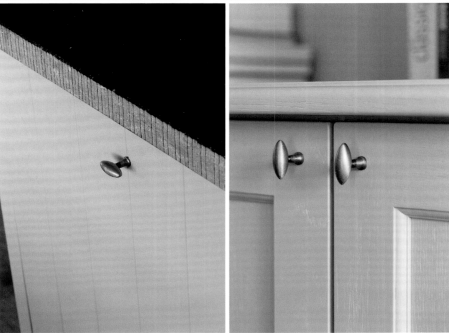

In this rustic kitchen the Frank Tack team combines frame doors with vertical, plank oak doors. A worktop in honed bluestone (30 mm thick), with two solid sinks in the island.

Dans cette cuisine rustique, l'équipe de Frank Tack conjugue portes à encadrement et portes d'armoire verticales habillées de planches en chêne. Plan de travail en pierre de taille adoucie (30 mm d'épaisseur) avec deux éviers massifs encastrés face à face dans l'îlot.

In deze landelijke keuken combineerde het team van Frank Tack kaderdeuren met verticale, beplankte eiken kastdeuren. Een werkblad in verzoete arduin (30 mm dik), met twee massieve spoeltafels tegenover elkaar in het eiland.

A coffee corner is located behind two 180° hinged doors. Left of the fireplace an open sideboard, to the right a cosy bench. Gas cooker with two Lacanche ovens (black with stainless steel finish).

Derrière deux portes s'ouvrant à 180° se trouve le coin café. À gauche du foyer, un buffet ouvert. À droite, un banc accueillant. Cuisinière au gaz avec deux fours de marque Lacanche (noir, finition inox).

Achter twee 180° opendraaiende deuren bevindt zich een koffiecorner. Links van de open haard een open buffetkast, rechts een gezellige zitbank. Fornuis op gas met twee ovens van Lacanche (zwart met inox afwerking).

Arcade
Avenue Comte Gérard d'Ursel, 36
B-1390 Grez-Doiceau (Wavre)
T +32 (0)10 84 15 05
M +32 (0)475 895 831
info@arcadecuisine.be

For personal advice, Arcade prefers to receive its clients by appointment.
In France, Arcade has branches in Senlis and Vaison la Romaine.
Pour un conseil personnalisé, nous préférons vous recevoir sur rendez-vous.
En France, Arcade peut vous accueillir à Senlis et à Vaison la Romaine.
Voor een gepersonaliseerd advies ontvangt Arcade graag na afspraak.
In Frankrijk ontvangt Arcade in Senlis en Vaison la Romaine.

A NEW CONCEPT

Interior architect Annick van der Wolf has been active in the kitchen branch for more than 20 years. Her company, Arcade, represents a new kitchen concept. Its only objective is to make customers 100% satisfied. She surrounds herself with a team of traditional craftsmen and a few experienced manufacturers of domestic appliances.

Every Arcade kitchen is finished with an eye for detail and a passion for perfection.

For the last few years Arcade has been putting that same passion into interior design and custom-made furniture. It offers a carefully chosen collection of lighting, chairs and window coverings.

UN NOUVEAU CONCEPT

L'architecte d'intérieur Annick van der Wolf travaille dans la cuisine équipée depuis plus de vingt ans. Son entreprise Arcade représente une nouvelle manière de concevoir un espace cuisine... avec pour seule contrainte la satisfaction totale du client.

Chaque cuisine Arcade est réalisée avec une passion pour le détail et la finition parfaite du montage. Ces dernières années, avec la même passion, Arcade s'est également élargie à un concept global d'aménagement intérieur et propose du mobilier sur mesure, ainsi qu'une gamme sélectionnée de luminaires, de canapés et d'habillage des fenêtres.

EEN NIEUW CONCEPT

Interieurarchitecte Annick van der Wolf is al meer dan twintig jaar actief in de keukenbranche.

Haar bedrijf Arcade staat voor een nieuw keukenconcept, met als enige doel de klant 100% tevreden te stellen. Daarvoor omringde ze zich met een team ambachtelijke vaklui en enkele ervaren fabrikanten van huishoudelectro.

Elke Arcade keuken wordt vervaardigd met oog voor detail en een passie voor perfectie in de afwerking.

Met eenzelfde passie breidt Arcade haar activiteiten sinds enkele jaren uit tot de volledige interieurinrichting en maatwerkmeubilair, met een zorgvuldig gekozen collectie verlichting, zetels en raambekleding.

In this kitchen Annick van der Wolf emphasises the horizontality and simple lines.
The floor consists of Belgian bluestone tiles from Carrières du Hainaut (size 60x60 cm) in "bleu clair" honed finish.

Dans cette cuisine, Annick van der Wolf a accentué l'horizontalité et la simplicité des lignes.
Sol en pierre bleue des Carrières du Hainaut (format 60x60 cm), finition adoucie "bleu clair".

In deze keuken benadrukte Annick van der Wolf de horizontaliteit en de eenvoudige lijnen.
De vloer bestaat uit tegels in blauwe hardsteen van Carrières du Hainaut (formaat 60x60 cm) in "bleu clair" verzoete afwerking.

Cupboards in hand-painted hardboard (pine veneer) and stainless steel. Worktops in white quartzite (by Beltrami) and matte varnished oak veneer (for the island).

Meubles en HDF peint à la main et en inox (pour l'îlot). Plans de travail en quartz blanc (de chez Beltrami) et en chêne lamellé collé verni mat (pour l'îlot).

Kastwanden in handgeschilderde HDF (denfineer) en inox. Werkbladen in witte kwartsiet (van Beltrami) en mat geverniste eikfineer (voor het eiland).

Stainless steel taps by Blanco. Ovens, steam oven and warming drawer
by Gaggenau. Extractor hood by Novy (Pure'Line).

Eviers en inox Blanco, fours, four à vapeur et chauffe-assiettes Gaggenau.
Une hotte Pure'Line de Novy.

Kraanwerk in inox van Blanco. Ovens, stoomoven en warmhoudlade van
Gaggenau. Een dampkamp van Novy (Pure'Line).

Doors in hand-painted hardboard with worktops in Belgian bluestone from Hainaut, honed finish with a parrot beak edge.
"Cottage" sink by Villeroy & Boch. Ovens by Miele, a wine cabinet by Liebherr.

Portes en HDF peint à la main et un plan de travail en pierre bleue du Hainaut, finition adoucie et nez en bec de corbin. Un évier "Cottage" de Villeroy & Boch. Fours Miele et cave à vin Liebherr.

Deuren in handgeschilderde HDF met werkbladen in blauwe hardsteen uit Henegouwen, verzoete afwerking en met papegaaiebek.
Wastafel "Cottage" van Villeroy & Boch. Ovens van Miele, een wijnkast van Liebherr.

A true Arcade living kitchen. Doors with wide strips in matte
varnished hardboard (2 colours) to give this large space more
rhythm.
Worktop in Belgian blue quartzite (inspired by Belgian
bluestone). Miele ovens and a Siemens refrigerator.
A decorative extractor hood structure in grey varnish and glass,
custom-made by a craftsman.

Une vraie cuisine à vivre signée Arcade.
Portes en HDF laqué mat 2 coloris et des lamelles larges pour
rythmer l'espace de cette grande cuisine.
Plan de travail en quartz Belgian Blue (inspiré par la pierre bleue).
Fours Miele et réfrigérateur Siemens.
Une structure décorative en fer forgé laqué gris et en verre
opaque réalisé sur mesure par un artisan.

Een echte Arcade leefkeuken. Deuren met brede lamellen in
matgelakte HDF (2 kleuren) om deze grote ruimte beter te
ritmeren.
Werkblad in Belgian Blue kwartsiet (geïnspireerd op Belgische
blauwe hardsteen). Miele ovens en een Siemens koelkast.
Een decoratieve dampkapstructuur in grijze lak en glas, op maat
uitgevoerd door een ambachtsman.

Lechat WoodFashion sprl
742, chaussée de Bruxelles
B -1410 Waterloo
T +32 (0)2 387 31 02
info@woodfashion.com

www.woodfashion.com

UNCOMPROMISING TOP QUALITY

Wood Fashion has been creating pleasant and warm surroundings in a classical and timeless style for many years.

It makes custom-made, completely personalised pieces according to traditional methods: no standard pieces, no pre-defined models, just uncompromising top quality.

AUCUN COMPROMIS À LA QUALITÉ

Depuis de nombreuses années, Wood Fashion crée des espaces de vie agréables et chaleureux, qui s'inscrivent dans une ligne esthétique classique et intemporelle. Aucun standard, aucun modèle prédéfini, aucun compromis à la qualité ; uniquement du mobilier fait main, sur mesure et personnalisé.

COMPROMISLOZE TOPKWALITEIT

Sinds heel wat jaren creëert Wood Fashion aangename en warme leefomgevingen in een klassieke en tijdloze stijl.

Het gaat altijd om ambachtelijk maatwerk, volledig gepersonaliseerd: geen standaarden, geen vooraf gedefinieerd model, compromisloze topkwaliteit.

Wood Fashion kitchens respect ancient traditions and are made with noble and natural materials like solid wood and bluestone.

Les cuisines Wood Fashion respectent les traditions anciennes et sont conçues avec des matériaux nobles et naturels, tels le bois massif et la pierre bleue.

De keukens van Wood Fashion respecteren oude tradities en worden vervaardigd met nobele en natuurlijke materialen, zoals massief hout en blauwe hardsteen.

Wood Fashion installed this black painted kitchen in an 18th century property. It is completely in line with the majestic character of these surroundings.

Wood Fashion a placé cette cuisine peinte en noir dans une demeure du XVIIIᵉ siècle, respectant ainsi parfaitement le caractère majestueux des lieux.

Wood Fashion plaatste deze in het zwart geschilderde keuken in een 18de-eeuws pand, volledig in de lijn van het majestueuze karakter van deze leefomgeving.

A living kitchen must be both functional and aesthetically successful for Wood Fashion. To achieve this result, every detail counts.

Pour Wood Fashion, une cuisine à vivre doit être aussi agréable au regard qu'à l'usage. Pour arriver à ce résultat, chaque détail compte.

Voor Wood Fashion moet een leefkeuken zowel functioneel als esthetisch geslaagd zijn. Elk detail telt om tot dit resultaat te komen.

A steam oven, warming drawer, wine cabinet: Wood Fashion brings every modern comfort into this resolutely classical kitchen.

Four à vapeur, tiroir chauffant, cave à vin, Wood Fashion adapte ici tout le confort moderne dans une cuisine résolument classique.

Een stoomoven, warmhoudlade, wijnkast: Wood Fashion brengt hier alle modern comfort in deze resoluut klassieke keuken.

Ambiance Cuisine
Chaussée de Waterloo 1138
B-1180 Bruxelles
T +32 (0)2 375 24 36
Avenue Reine Astrid 479-481
B-1950 Kraainem
T +32 (0)2 767 12 17
info@ambiancecuisine.com

www.ambiancecuisine.com

TRULY ATMOSPHERIC KITCHENS

Ambiance Cuisine is a family business that has conquered a place in high-quality custom kitchens over the last 20 years.

This enterprise always looks for a perfect balance, the complex dynamism between classic and ultramodern designs.

The most important asset of Ambiance Cuisine is undoubtedly its willingness to listen to customers and a perfect dialogue.

An experienced team of interior architects has enabled Ambiance Cuisine to expand its creativity and know-how across the Belgian border.

This reportage with two kitchens illustrates this know-how perfectly.

LES CUISINES D'AMBIANCE

Ambiance Cuisine est une entreprise familiale ayant trouvé sa place sur le marché du haut de gamme depuis près de vingt ans.

La société est toujours dans la dynamique complexe des choix de ses clients entre dessins classiques et ultra contemporains.

La devise de la maison depuis toujours : être à l'écoute de ses clients.

Grâce à son équipe d'architectes d'intérieur expérimentés, Ambiance Cuisine a su préserver sa créativité et son savoir-faire qui s'est étendu hors des frontières belges.

Ce reportage de deux cuisines illustre parfaitement ce savoir-faire.

ECHTE SFEERKEUKENS

Ambiance Cuisine is een familiebedrijf dat in twintig jaar een plaats heeft veroverd in hoogwaardige maatkeukens.

Deze onderneming is steeds op zoek naar het perfecte evenwicht, de complexe dynamiek tussen klassieke en ultramoderne ontwerpen.

Dé belangrijkste troef van Ambiance Cuisine sinds het ontstaan is ongetwijfeld de luisterbereidheid, de perfecte dialoog met de klant.

Dankzij een team van ervaren interieurarchitecten heeft Ambiance Cuisine haar creativiteit en know-how uitgebreid tot buiten de Belgische landsgrenzen.

Deze reportage met twee keukens illustreert op perfecte wijze deze know-how.

This kitchen was realised in MDF panels painted matte white and finished by hand.

Cette cuisine a été réalisée en panneaux MDF laqués blanc mat, finitions à la main.

Deze keuken werd gerealiseerd in MDF-panelen , mat gelakt in witte kleur en met de hand afgewerkt.

A lava stone worktop. A Lacanche cooker and RVB taps.

Un plan de travail en pierre de lave. Cuisinière Lacanche et robinetterie RVB.

Een werkblad in lavasteen. Een Lacanche fornuis en RVB-kraanwerk.

A Poggenpohl kitchen in glossy "blanc polaire". Worktops in glossy white Césarstone. The table is made from solid wenge. All kitchen appliances by Miele; tap by Franke.

Une cuisine Poggenpohl en laqué brillant blanc polaire. Plans de travail en Césarstone blanc brillant. La table a été réalisée en bois massif Wengé. Tout l'équipement est de Miele; sanitaire Franke.

Een Poggenpohl keuken in glanzende lak, "blanc polaire". Werkbladen in Césarstone glanzend wit. De tafel werd uitgevoerd in massieve Wengé. Alle keukenapparatuur is van Miele; sanitair van Franke.

A.S.C. Lacanche
F-21230 Lacanche
T +33 (0)3 80 90 35 00
F +33 (0)3 80 84 24 92

www.lacanche.com

THE GOURMET RANGE COOKERS

When it comes to enjoying good food, good company, gourmet meals at home and the good things in life, there is hardly a substitute for a Lacanche range cooker.

Each Lacanche cooker is made to order. Its size, colour, finishing touches like solid brass or nickel-plated trims as well as its specific technical options reflect the own preferences, expectations and taste of the client. Lacanche range cookers are derived from cooking solutions initially developed for commercial kitchens. Accordingly, the gourmet cookers of the Lacanche range are up to the highest standards - complying with specifications usually found only in professional cooking environments.

LES PIANOS GASTRONOMES

C'est à Lacanche, village de Bourgogne, dans l'esprit d'une longue tradition du travail du métal que sont fabriqués depuis le XIXe siècle des fourneaux, cuisinières et équipements de cuisson. Au cœur de ce pays du vin et de la gastronomie, Lacanche contribue à l'expression et à la promotion de l'art culinaire.

Fidèle à ses valeurs d'origine, Lacanche, entreprise familiale, concilie expérience, savoir-faire et innovation afin d'offrir aux chefs et amateurs de cuisine des instruments pour leur permettre d'exprimer au mieux leur talent. Ici, autour d'équipements industriels performants, chaque fabrication est réalisée à l'unité et pour une commande spécifique définie à partir d'une grande variété de modèles, d'options et de finitions.

GASTRONOMISCHE FORNUIZEN

Als het gaat om genieten van lekker eten, goed gezelschap, gezelligheid en gastronomische maaltijden in de thuisomgeving is er eigenlijk geen ander fornuis denkbaar dan een exclusief fornuis van Lacanche.

Elk Lacanche fornuis wordt op bestelling gemaakt. De afmetingen, kleur, afwerkingen (zoals verkoperde of vernikkelde elementen) en specifieke technische opties ervan weerspiegelen de voorkeuren, verwachtingen en smaak van de klant. De gastronomische fornuizen van Lacanche voldoen dan ook aan de hoogste normen en specificaties die doorgaans alleen worden aangetroffen in omgevingen waar professioneel wordt gekookt.

A cooker "Citeaux" in "Rouge Griotte" (Cherry Red). Chrome finish with gas burners, High-power plates, an electric fryer (right), a multicooker (central) and a vertical electric oven (left). A kitchen design by Bourgondisch Kruis.

Fourneau "Citeaux" - en couleur "Rouge Griotte". Finition "Chrome" avec table de cuisson gaz, plaque coup de feu et feux vifs, friteuse électrique à droite, four multifonction électrique en partie centrale et four électrique vertical à gauche. Une cuisine créée par Bourgondisch Kruis.

Een fornuis "Citeaux" in de kleur "Rouge Griotte" (kersenrood). Afwerking "Blinkend Chroom" met een kooktafel op gas, High-power branders, rechts een elektrische friteuse, centraal een multifunctionele elektrische oven en links een vertikale elektrische oven. Een keukenontwerp van Bourgondisch Kruis.

A cooker "Saulieu" in black colour. Brushed stainless steel finish. Gas burners and two ovens. Kitchen design : Frank Tack.

Un fourneau "Saulieu" en "Noir". Finition "Inox brossé". Table de cuisson gaz et deux fours en soubassement. Réalisation de la cuisine : Frank Tack.

Een fornuis "Saulieu" in zwarte kleur. Afwerking "Geborstelde Inox". Gaskookplaat en twee ovens in onderbouw. Keukenontwerp : Frank Tack.

A cooker "Fontenay" in black. Nickel finish. Left: a gas burner and a steam oven. Right: two induction cooking zones. Design: Dirk Cousaert.

Fourneau "Fontenay" en "Noir". Finition "Laiton". Une table de cuisson gaz et un cuiseur vapeur à gauche. Deux foyers induction à droite. Conception de cette cuisine : Dirk Cousaert.

Een fornuis "Fontenay" in zwart. Afwerking "Messing". Een gaskookplaat en een stoomoven links, twee inductievuren rechts. Creatie: Dirk Cousaert.

A cooker "Cluny", colour "Ivory". Nickel finish. Gas burner "Tradition", High-power burners and simmer plate. Kitchen tops by Louis Culot.

Fourneau "Cluny"- en "Ivoire" – Finition «Laiton». Table de cuisson gaz "Tradition" avec feux vifs et plaque coup de feu. Plans de travail : Louis Culot.

Een fornuis "Cluny", kleur "Ivoor". Afwerking "Messing". Gaskooktafel "Tradition" met High-power branders en sudderplaat. Keukenwerkbladen van Louis Culot.

A cooker "Cormatin" Inox. Nickel finish. A gas burner and High-power plates. This kitchen is created by am projects.

Fourneau "Cormatin" Inox. Finition «Laiton». Table de cuisson gaz et feux vifs gaz. Une cuisine créée par am projects.

Een fornuis "Cormatin" Inox. Afwerking "Messing". Een gaskookplaat en High-power branders. De keuken werd gecreëerd door am projects.

A cooker "Cluny" Inox. Chrome finish. A gas burner "Tradition", High-power burners and a simmer plate. A Frank Tack project.

Fourneau "Cluny" Inox. Finition "Chrome". Une table de cuisson gaz "Tradition", feux vifs et plaque coup de feu. Une cuisine signée Frank Tack.

Een fornuis "Cluny" Inox. Afwerking "Blinkend Chroom". Een gaskooktafel "Tradition", High-power branders en sudderplaat. Een realisatie van Frank Tack.

A cooker "Cluny". Colour "Marron Glacé". Chrome finish. A gas burner "Tradition", High-power burners and a simmer plate.

Fourneau "Cluny" . Couleur "Marron Glacé ". Finition "Chrome" - Table de cuisson gaz "Tradition", feux vifs et plaque coup de feu.

Een fornuis "Cluny". Kleur "Gekonfijte Kastanje". Afwerking "Blinkend Chroom". Een gaskooktafel "Tradition", High-power branders en sudderplaat.

A cooker "Fontenay" in "Dark Green". Gas burner "Tradition", High-power burners and a simmer plate. Right: a fryer. Left: a warming zone.

Fourneau "Fontenay" en couleur "Vert anglais". Table de cuisson gaz "Tradition", feux vifs et plaque coup de feu, friteuse à droite , chauffe-assiettes à gauche.

Een fornuis "Fontenay" in "Engels Groen". Gaskooktafel "Tradition", High-power branders en sudderplaat. Rechts een friteuse, links een bordwarmplaat.

A cooker "Cluny" in colour "Ivory". Nickel finish. Gas burner "Classique" and High-power burners.

Fourneau "Cluny" en couleur "Ivoire" – Finition "Laiton". Une table de cuisson gaz "Classique" avec feux vifs.

Een fornuis "Cluny" in kleur "Ivoor". Afwerking "Messing". Een gaskooktafel "Classique" met High-power branders.

A cooker "Cluny". Colour "Ivory". Nickel finish and a gas burner "Tradition" with High-power zone and a simmer plate.

Fourneau "Cluny". Couleur : "Ivoire". Finition "Laiton" et une table de cuisson gaz "Tradition" avec feux vifs et plaque coup de feu.

Een fornuis "Cluny". Kleur: "Ivoor". Afwerking "Messing" en een gaskooktafel "Tradition" met High-power branders en sudderplaat.

Eiken Project bvba
Kapelsestraat 251
B- 2950 Kapellen
M +32 (0)496 37 83 32
info@eikenproject.be

www.eikenproject.be

HUNGARIAN RHAPSODY

Rita Ràcz, business manager of Eiken Project, is of Hungarian descent.
The kitchens that she designs, in close dialogue with the customer, are made in her native country.
Both inside and out, everything is made with oak: the drawers, shelves, side walls, etc.
Eiken Project does not have standard units: everything is custom-made by professional and experienced craftsmen in constant dialogue with Rita Ràcz.

RAPSODIE HONGROISE

Rita Ràcz, la gérante de Eiken Project, est originaire de Hongrie.
Toutes les cuisines qu'elle conçoit en parfait accord avec le client sont fabriquées dans son pays d'origine. Tant les panneaux extérieurs que les tiroirs, les étagères, les parois latérales, tout est en chêne massif.
Eiken Project ne propose pas d'armoire standard. Tout est fabriqué sur mesure par des artisans professionnels chevronnés en concertation avec Rita Ràcz.

HONGAARSE RAPSODIE

Rita Ràcz, zaakvoerster van Eiken Project, is van Hongaarse afkomst.
De keukens die zij ontwerpt in nauwe dialoog met de klant, worden alle in haar geboorteland vervaardigd. Niet alleen aan de buitenzijde, maar ook binnenin is alles in eiken uitgevoerd: de lades, legplanken, zijwanden, ...
Eiken Project heeft geen standaardkasten: alles wordt volledig op maat gemaakt door professionele en ervaren ambachtslui in voortdurende samenspraak met Rita Ràcz.

Eiken Project designed and realised these kitchen for a family with five children.
The large oak drawers behind the doors provide lots of storage space. The four-oven cream Aga cooker (left on p. 218) is a real eye-catcher.
Worktop in Belgian bluestone, 4 cm thick and honed finish. The large sink and the floor are also in Belgian bluestone.
The old workbench comes from Hungary. Eiken Project has a collection of antique pieces that can be delivered as accessories with the kitchens.

Eiken Project a conçu et réalisé cette cuisine pour une famille de cinq enfants.
Les grands tiroirs en chêne derrière les portes offrent un formidable espace de rangement. La cuisinière Aga couleur crème à 4 fours (à gauche p. 218) est la vedette incontestée.
Le plan de travail en pierre bleue belge de 4 cm d'épaisseur se distingue par sa finition soignée. Le grand évier et le sol sont également en pierre de taille.
L'ancien établi vient lui aussi de Hongrie: Eiken Project propose une collection d'antiquités qui complètent parfaitement les cuisines.

Eiken Project ontwierp en realiseerde deze keuken voor een gezin met vijf kinderen.
De grote eiken lades achter de deuren zorgen voor veel opbergruimte. Blikvanger is het 4-oven crèmekleurige Aga-fornuis (links op p. 218).
Werkblad in Belgische blauwe hardsteen van 4 cm, verzoete afwerking. Ook de grote wastafel en de vloer zijn in arduin vervaardigd.
De oude werkbank komt ook uit Hongarije: Eiken Project heeft een verzameling antieke stukken die als accessoires bij de keukens geleverd kunnen worden.

The nostalgic character of this kitchen is accentuated by the Il Fanale lamps and the
Dauby handles and bolts.

Les lampes de Il Fanale, les poignées et les verrous de Dauby accentuent le caractère
nostalgique de la cuisine.

Het nostalgische karakter van deze keuken wordt geaccentueerd door de lampen van Il
Fanale en de handgrepen en grendels van Dauby.

Eiken Project stands for more than kitchen units. The interior door, wainscoting, tables and chairs were all made by the company.

Eiken Project propose bien plus que des armoires de cuisine. L'entreprise fabrique également des portes intérieures, des lambris, des tables et des chaises.

Eiken Project staat voor meer dan alleen maar keukenkasten: ook de binnendeur, de lambrisering, de tafels en stoelen worden door het bedrijf gerealiseerd.

ADDRESSES

ADRESSES   ADRESSEN

8-19
Mape
Baardegemstraat 13
B-9420 Erpe-Mere
T +32 (0)53 60 30 60
F +32 (0)53 63 09 23
info@mape.be
www.mape.be

20-37
Dauby nv
Uilenbaan 86
B-2160 Wommelgem / Antwerpen
T +32 (0)3 354 16 86
F +32 (0)3 354 16 32
info@dauby.be
www.dauby.be

36-47
Hullebusch
Brugsebaan 4a
B-8850 Ardooie
T +32 (0)51 46 78 67
F +32 (0)51 46 78 71
info@hullebusch.com
www.hullebusch.com

48-59
Liedssen
Wingepark 16
3110 Rotselaar
T +32 (0)16 44 01 64
F +32 (0)16 44 01 80
info@liedssen.be
www.liedssen.be

60-103
Paul van de Kooi keukens op maat
Showroom: Nijverheidsweg Noord 74 D
NL-3812 PM Amersfoort
T +31 (0)33 4651111
F +31 (0)33 4651177
Postadres: Postbus 312
NL-3800 AH Amersfoort
info@paulvandekooi.nl
www.paulvandekooi.nl

104-115
Showrooms Dekeyzer
Keukenarchitectuur
Dekeyzer West-Vlaanderen
Industrielaan 55
B-8930 MENEN

T +32 (0)56 52 13 40
Diksmuidsesteenweg 370C
B-8800 Roeselare
T +32 (0)51 260 680
Dekeyzer Gent
Kortrijksesteenweg 1
B-9830 Sint-Martens-Latem
T +32 (0)9 241 54 54
Dekeyzer Antwerpen
Gentseweg 396
B-9120 Beveren--Waas
NEW
Open begin 2013
info@dekeyzer.be
www.dekeyzer.be

116-121
iXtra interieur architectuur - Filip
Vanryckeghem
Ieperstraat 18
B-8930 Menen
Lid van de officiële beroepsorganisatie
AINB
T +32 (0)56 53 04 57
info@ixtra.be
www.ixtra.be
Showrooms Dekeyzer
Keukenarchitectuur
Dekeyzer West-Vlaanderen
Industrielaan 55
B-8930 MENEN
T +32 (0)56 52 13 40
Diksmuidsesteenweg 370C
B-8800 Roeselare
T +32 (0)51 260 680
Dekeyzer Gent
Kortrijksesteenweg 1
B-9830 Sint-Martens-Latem
T +32 (0)9 241 54 54
Dekeyzer Antwerpen
Gentseweg 396
B-9120 Beveren-Waas
NEW
Open begin 2013
info@dekeyzer.be
www.dekeyzer.be

122-129
Thierry Goffin
Fahrenheit Home Chef
T +32 (0)475 23 57 98
fahrenheit@fahrenheit.be
www.fahrenheithomechef.com

130-139
De Menagerie
Leo de Béthunelaan 45 b 01
B-9300 Aalst
T +32 (0)53 78 69 39
F +32 (0)53 70 79 96
info@demenagerie.be
www.demenagerie.be

140-149
Bourgondisch Kruis Interieurcreatie
Stijlvol wonen en authentieke
bouwmaterialen
Darmstraat 20
B-8531 Harelbeke-Bavikhove
T +32 (0)56 73 16 41
info@bourgondisch-kruis.be
www.bourgondisch-kruis.be

150-155
Louis Culot bvba
Kitchen Worktops / Plans de travail de
cuisine / Keukenwerkbladen
Industriezone Puurs 550
Schoonmansveld 7
B-2870 Puurs
T +32 (0)3 860 70 70
F +32 (0)3 860 70 79
info@culot.be
www.culot.be

156-165
Dirk Cousaert
Stationsstraat 160
B-9690 Kluisbergen
T +32 (0)55 38 70 53
F +32 (0)55 38 60 39
info@dirkcousaert.be
www.dirkcousaert.be

166-175
Frank Tack, "L'art de vivre"
Grotstraat 74
B-8780 Oostrozebeke
76, Avenue de Villiers
F-75017 Paris
T +32 (0)51 40 47 18
F +32 (0)51 40 61 40
info@franktack.be
www.franktack.be
www.tack-keukens.be

176-187
Arcade
Avenue Comte Gérard d'Ursel, 36
B-1390 Grez-Doiceau (Wavre)
T +32 (0)10 84 15 05
M +32 (0)475 895 831
info@arcadecuisine.be
www.arcadecuisine.be

188-199
Lechat WoodFashion sprl
742, chaussée de Bruxelles
B -1410 Waterloo
T +32 (0)2 387 31 02
info@woodfashion.com
www.woodfashion.com

208-215
F-21230 Lacanche
T +33 (0)3 80 90 35 00
F +33 (0)3 80 84 24 92
www.lacanche.com

200-207
Ambiance Cuisine
Chaussée de Waterloo 1138
B-1180 Bruxelles
T +32 (0)2 375 24 36
Avenue Reine Astrid 479-481
B-1950 Kraainem
T +32 (0)2 767 12 17
info@ambiancecuisine.com
www.ambiancecuisine.com

208-215
A.S.C. Lacanche
F-21230 Lacanche
T +33 (0)3 80 90 35 00
F +33 (0)3 80 84 24 92
www.lacanche.com

216-221
Eiken Project bvba
Kapelsestraat 251
B- 2950 Kapellen
M +32 (0)496 37 83 32
info@eikenproject.be
www.eikenproject.be

PUBLISHER
BETA-PLUS publishing
www.betaplus.com

PHOTOGRAPHER
Jo Pauwels
Caroline Monbailliu (p. 168-171)
Claude Smekens (p. 218-221)

DESIGN
Polydem - Nathalie Binart

TRANSLATIONS
Lu's Paragraph

ISBN 13: 978-90-8944-143-0